城市底片

解放
城市底片

1959—1963

走 出 困 难 期

The Faltered Leap

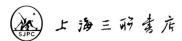解放日报 编著

上海三联书店

《解放·城市底片》丛书编委会

主　　任：李　芸　陈颂清
编　　委：周智强　徐锦江　徐蓓蓓　缪毅容
　　　　　马笑虹　董　强
成　　员：陈启甸　黄　韬　高宝中　王晓鸥
　　　　　郭泉真　盛晓虹　秦　红　朱泳武
　　　　　张　陌

《走出困难期》

摄　　影：俞创硕　陆顺兴　董为焜　赵立群
　　　　　毕品富　贾振福　陈　莹　钟果行
　　　　　郭仁仪　王朝桢　粟宗泰
主　　编：陈颂清
副 主 编：徐蓓蓓
特约审读：熊月之
执行主编：张　陌
撰　　文：朱珉迕（1959 年部分）　沈轶伦（1960 年部分）
　　　　　龚丹韵（1961 年部分）　王　潇（1962 年部分）
　　　　　章迪思（1963 年部分）
编　　校：王晓鸥　章迪思
图片整理：项建英　田　彪　黄海运
统　　筹：盛晓虹

1959—1963

1959 –

—1963

目　录

致敬

　　自 1949 年新中国成立到 2003 年胶片相机逐渐淡出新闻摄影领域，这段时间内，解放日报社积累了近百万张珍贵的历史资料底片。为更好地挖掘这批珍贵资料的丰富内涵，我们筹划推出了《解放·城市底片》丛书，将分年代陆续分册出版。这是我们第一次比较系统化、规模化地梳理并向社会介绍解放日报图片资料的尝试。

　　这是一套以影像为主线的丛书，许多珍贵图像是首次与读者见面。在策划之初，我们就确立了"让影像可读"的原则，因为单纯的影像尚不能完整反映这个国家、这座城市一个甲子多以来极不平凡的求索历程，所以这套丛书不仅仅是画册，我们尽量查索钩沉，努力使得每一幅图片都能承载更多的历史信息，传递更多的时代背景。

　　我们查阅和引用的素材以相关年代的新闻报道为主，其中绝大部分源自解放日报当时的报道。这样的图文结合，或许不够全面充分，今天看来甚至可能带有一些历史的局限性，比如，对一些历史事件或人物，其是非曲直，今天看来或许就会不尽相同，相信读者自有评判。而这正是历史的印迹。

虽然有些底片存在着划痕、污迹（我们并未全部进行修饰），但解放日报社的这批历史资料底片由于保管完善，影像质量总体上仍然极好。这背后，几十年来，有多少位解放日报新闻摄影工作者的心血倾注其中！

回溯这批历史资料底片的保存过程，其缘由本身也极具时代印痕。自1949年5月28日创刊始，解放日报社就建立了严格的底片管理制度，并一直严格执行着，加之当时相机、胶卷精贵，所有报社配发摄影记者的相机必须备案，记者在采访之前还须遵制向报社登记领取胶卷，初期每次最多领取两卷，其后情况改善，但基本上也只能领到5卷上下。拍摄完毕的胶卷均原卷如数交还报社，由专人放大冲印、统计保留包括废片在内的胶片数量，最终存档并向报社报销。在那个底片时代，解放日报社还对每卷底片成品率提出过要求，比如36张一卷的135胶片，拍摄后成品至少须达到33张，否则就说明摄影记者没有尽心尽职，造成浪费。

敬业正派的一代代解放日报新闻摄影工作者，给我们留下了一页页珍贵的历史记录；严格规范的管理制度，使解放日报社得以比较完整地保存下了这批珍贵的底片。

可以说，是解放日报老一辈新闻摄影工作者的勤勉敬业严守规范，是解放日报社薪火相传的优秀报业传统，成就了今日这套《解放·城市底片》。每次看到这一幅幅充满历史沧桑感的影像，抚往追昔，我们都由衷地赞叹和感佩。在此，谨以《解放·城市底片》丛书向解放日报历年来所有新闻摄影工作者，向报社历任领导、摄影部门负责人，以及历年来为保存这些资料图片付出辛勤劳动的报社员工，表达我们崇高的敬意和真挚的感谢。

　　由于年代久远，某些图片和其对应的拍摄者可能会存在错漏，但我们仍旧尽力根据底片档案上的信息制作了作者索引，以志尊重和纪念。

　　谨以此书，致敬前辈，致敬历史。

《解放·城市底片》丛书编委会

2015 年 7 月

1959

走 出 困 难 期

1960

1961

1962

1963

"走在时间前面" 的一年

1959 年，年轻的新中国走过第一个十年。

国庆节前不久，北京人民大会堂落成的消息传遍全国。从设计到竣工不过短短 10 个月，这个伟大的地标建筑用史无前例的速度完成了对国庆的献礼。

差不多时候，相隔千里之外的上海，有一条路也作为"献礼工程"在加紧施工。这年 10 月，位于新兴工业区的闵行"一号路"宣告启用，这条连接着沪闵路和上海汽轮机厂、上海电机厂、上海锅炉厂、上海重型机器厂等一众大型工厂的四百米大街，开出了当地不曾有过的"服装鞋帽商店，大型的照相馆，有市区甲副级理发店水平的理发厅，同时可以容纳六百人一起吃饭的本帮'老正兴菜馆'……无论吃的、穿的、用的、看的、玩的，在这条路上一应俱全"——9 月的《解放日报》上提前展示了这里的前景，并起了一个上海人一看就懂的标题："闵行的'淮海路'"。

如果把人民大会堂视作整个国家的缩影，那么只花了半年建成的闵行一号路，大致也可以视作整座城市的小小缩影。

这一年，中共中央提出中央与地方工业并举的方针，国务院批准将江苏省的嘉定、上海、松江等 10 个县划归上海，上海市的辖区面积从 606.18 平方公里扩大为 6185 平方公里。扩容后的上海，拿出了新中国成立以来第一份全市域的城市总体规划，开篇就宣告这座城市的宏伟目标："在妥善全面地安排生产和保证人们日益增长的需要的基础上，工业进一步向高、精、大、尖的方向发展，不断提高劳动生产率，使上海在生产、文化、科学、艺术等方面建设成为世界上最先进美丽的城市之一。"

这也是"大跃进"运动正式开启的第二年。上海沉浸在对速度的热忱里。这一年的《解放日报》统共刊发了 26122 篇稿件，其中 4827 篇里出现过"跃进"一词——这个数字仅次于1958年的6080篇,不过大跃进元年的总稿件数有31825篇,折算一下的话,强度差不太多。

今天的人们或许能理解当年的热忱——当然也未必。但对当时的上海人,尤其是占城市主流的工人阶级来说,速度的确是高于一切的价值。他们急切地希望在最短的时间内,把这座曾是中国最重要的民族工业城市变成合乎社会主义理想的、强大的、战无不胜的工业母机。

上海在全国领受的使命也是如此。此时的上海,已是全国最大的工业基地之一,也是全国技术中心之一。《解放日报》在1959年的元旦社论里写道,上海作为"我国社会主义经济和文化建设的重要基地,全国各地工农业生产的大跃进和上海本身设备的逐步更新,都要求上海支援大量的钢材和机电设备",同时"轻工业的生产,在人民的购买力日益增长和许多轻工业产品供不应求的情况下,也要有较大的发展"。为了适应全国的需要,"上海的整个工业生产都必须积极地向高级的、大型的、精密的方向发展,根据这个方向进行全面的改组和改造"。

编辑部为社论取了一个标题:"再接再厉,实现更大的跃进!"一个多月后,《解放日报》再次发表近乎同题的社论——《鼓起更大干劲 实现更大跃进》,告诉人们上海将要在这一年生产的各类钢材、机电设备和化工原料,"有些产品的产量,将比去年成倍以至数倍地增长";轻工等领域也应为全国生产"更多价廉物美的生活用品"。当时正在召开的工业工作会议提出,1959年的工业总产值要比上年增长55%,钢产量比上年增长31%。社论提醒人们,这些计划执行得好坏"不仅关系到上海一地,而且对全国各地的建设都密切相关","我们上海人民必须深刻认识到自己对于国家所负的重大责任……必须更加干劲百倍地完成和超额完成党和国家交给我们的光荣的任务"。

在这样的语境下，一切提速的努力，以及服务于提速的努力，都显得理所应当。旨在为新工业区服务的闵行一号路，自然是一个典型。距其不远处，新建的吴泾热电厂工程5月4日开工，两套2.5万千瓦发电机组分别用了5个月和7个月就安装完成，正式点火投产；上海产的第一种国产洗衣粉，第一台国产自动扶梯等也相继在年中问世。在全市大小工厂、工地，乃至工业以外，劳动竞赛成了人们最为熟稔的日常。

8月"反右倾"运动开始后，这样的热潮进一步席卷全市——8月中旬，《解放日报》曾就市郊各区开展的粮食"超包产、超计划的高额丰产运动"专发一问："看丰收榜上谁家占先？"社论除了鼓励各地"你追我赶"，超额完成粮食增产指标，还特别批评了"少数干部"的"右倾情绪"和"自满情绪"。而在9月初，共青团上海市委命名一批"红旗青年突击手"，特别号召所有的上海青年像他们一样"多快好省地完成国家计划，做一个走在时间前面的人！"

当年的上海，无数人试图"走在时间前面"，秋天开始的"群英会"让民众发现，许多人甚至成了"与火箭比速度的人们"。《解放日报》的通讯里写道，某工区的建筑工人，先是用13个工作日建成了1.13万平方米的上海电缆厂通讯电缆车间，随后立刻奔赴吴淞，用28天时间在"一片长满禾苗的田野上"建起了上钢五厂的转炉车间，流出了第一炉钢水。全上海的建筑工人几乎都在"以这样豪迈的气概，以最快的速度建设着社会主义的新上海"——随同故事一同登报的，还有工人们自创的打油诗，其中一首写道："生产跃进再跃进，快速施工搞得好。从前几年几个月，现在几时几分秒；一浪要比一浪高，还在出现新面貌。"

　　不过，完全不把时间放在眼里，有时也会遭到时间的报复。1959 年下半年，尽管舆论依旧高呼"工业战线和各条战线上的形势好得很"，但大跃进的问题已经暴露得愈发明显。第三季度，上海的国民经济严重失调，工业生产原料不足，不少产品质量下降，一度雄心勃勃"用坏料炼出优质钢"的设想，也未曾真正实现。同时，受制于全国的大环境及受累三年自然灾害的开始，上海从外地调入粮食困难，商品日渐匮乏，市场供应紧张。

　　很多年后，被时代大潮卷起的人们，才意识到"跃进"二字带来的沉重代价——尽管它也为上海留下了许多东西，除了当年让人引以为傲的工业品，还有至今久演不衰的小提琴协奏曲《梁山伯与祝英台》。许多人大概也不会想起党报头版右上角曾经刊发过的一篇评论：《心要热 头要冷》。1959 年的 1 月 10 日，解放日报评论员就曾提醒过大家，"只有干劲够不够呢？还不够……光有干劲，不问是否可能，不注意事物的客观规律，莽撞去办，就可能碰壁，结果是事与愿违，好心没有好结果。"

　　可惜，这些拿日后的眼光看极为清醒的判断，在当年的狂潮中实在显得太为微弱。历史的经验值得注意。真的是可惜了，有时连报纸自己都忘了。

1959

"东风压倒西风"

因为苏联老大哥的一枚火箭，一大半的中国人在 1959 年的第一周就显得兴奋。

1 月 2 日，苏联成功发射一支多级宇宙火箭，并按照预定程序进入前往月球方向的运动轨道。根据当时的计算，火箭将于莫斯科时间 1 月 4 日早晨 7 时（即北京时间中午 12 时）到达月球区域。

消息是 1 月 3 日传开的。第二天的《解放日报》，拿出了整个头版、大半个 2 版和小半个国际版报道"苏联宇宙火箭即将飞越月球"的盛况，尤其是社会主义阵营的普天同庆。新华社消息里说，1 月 3 日这天"几乎每个莫斯科人的家庭都打开了收音机，收听有关这个巨型宇宙火箭的运行消息"。上海也差不多——"上海县解放人民公社第六大队的社员们欢欣鼓舞收听广播"的场景，就被记者拍下照片，登在了头版正中的位置；中科院上海分院科学家们连夜举行的集会，以及农村不少干部和社员"立即在田头、食堂、饲养棚等地"举行的座谈，都被记者写了下来。

对于正怀着科学报国理想的科学家们来说，苏联火箭让他们看到的不仅是高科技的标杆，更是"东风压倒西风"的希望。有的说，"美国有不少科学家，工业水平也不低，但是在美国腐朽的资本主义制度下，科学家的工作是为资本家的利润服务的，勾心斗角，各搞各的，所以科学技术大大落后"。也有的专门发来千字文，展示了大量数据和术语之后，一位正在参加苏联援助的原子反应堆建设的科学家推论，"发射宇宙火箭是一种复杂、巨大而又极细致的工作，没有各方面高度协作，紧密配合，是不可能完成的。这种高度严密的协作，只有在苏联共产党领导的优越的社会主义制度下，才可以顺利地实现"。

而对更多普通人来说，"东风压倒西风"的信号，显然比那些专有名词更具冲击力。面对记者，一位正在赶制冶炼设备的老工人就"不禁手舞足蹈地说：'从来只有从神话里才能听到人游月宫的故事，想不到现在竟将成为事实'"。曾到访苏联的开关厂先进工作者则感叹："美帝国主义凡事先把牛皮吹在前头，没有发射，就大吹大擂，他们发射的几颗月球卫星都失败了"，而"我们社会主义国家做事从来是说得到就做得到"……

那些天的报纸，详细地记下了一线工人们的激情洋溢。在全面进入"大跃进"的第二年，火箭成了一个再好不过的符号。许多人在车间里"提出了新保证"，称"苏联老大哥放大卫星，我们在生产上更要加倍努力"；有正在"大炼钢铁"的钢厂工人就告诉记者，一定要学习苏联老大哥"放火箭"的精神，"学好技术用坏料炼出优质钢来"。

1959 年 1 月 3 日，上海县解放公社第六大队第一中队社员在收听
广播，欢呼苏联火箭发射成功。

抗击寒潮

1.6

1959 年 1 月 6 日，南站的家庭妇女在严寒中坚持劳动。这一夜上海气温跌破零下 7 摄氏度，但全市各行各业的人——甚至家庭妇女，仍坚守岗位。第二天的报纸上，记者写道："上海人民再一次地表现了他们的英雄气概：我们这儿没有严寒的冬夜，我们这儿只有炽烈的战斗。"

原创长诗

1.24

1959 年 1 月 24 日，上影乐团举行集会，孙道临、黄宗英、上官云珠等一众明星演员朗诵自己原创的长诗，支持古巴民族民主革命运动和刚果人民争取民族独立运动。上官云珠朗诵的诗，是黄宗英在集会现场即兴写成的，而孙道临、张瑞芳、秦怡三人合作的《我们永远和你们在一起》，三天后登在了《解放日报》上，"前进吧！南美和非洲的弟兄／我们注视着你们正义的斗争"。

向冰雪要鱼虾

1.25

1959 年 1 月 25 日，横沙岛东海人民公社社员大捕鲜鱼。在经历多年未遇的寒冬后，上海郊区各公社都为确保供应拼尽全力。报纸特地为此起了"向风雨冰雪要鱼虾"的标题。青浦一公社，"捕捞开始时，也遇到过一些保守思想，如认为天暖鱼群散、寒流不到鱼不多，有的仍沿袭原来'大半天捉鱼、小半天晒网'的老习惯，害怕网具不经用。以后通过干部会讨论，批判了靠天思想，统一了认识……"

微型汽车

2.**3**　　1959 年 2 月 3 日，上海微型汽车厂向有关部门报喜。两天后，首批十多辆微型汽车开始载客。这种微型汽车"与三轮车的长度相差无几，能够在一般的里弄中通行无阻"。一个月后，有人在报上写了一段小散文："微型汽车在街道上奔驰……人们用羡慕的眼光看着它，热望它快点多起来，快点来代替三轮车工人的沉重的负荷。"而文末作者以微型汽车的口吻所提的"要求"，无疑是点睛之笔："要有更多的微型汽车，必须首先生产更多的钢、更多的机器、更多的石油、更多的轮胎……喜欢我的人们，为加快超额完成今年的生产指标而努力吧！"

女交警

3.8

1959 年 3 月 8 日，上海首批女交通民警正式上岗执勤。据《解放日报》报道，
"女同志们纷纷贴出大字报，要求领导批准她们当第一批女交通民警，更好为
生产大跃进服务"。正式建队后，"交通队的男民警们对这一批新生力军不仅表
示热烈欢迎，而且给以耐心帮助，教给她们很多业务知识，详细介绍岗位的情
况和特点，做示范动作"，结果当然皆大欢喜——"她们的迅速负责的值勤态度，
受到往来行人的一致赞扬"。

卫星营

3.**12** 1959年3月12日，上海县解放公社小麦卫星营的青年们前往田头，开始春耕。卫星营的称呼起于1958年，小麦卫星营顾名思义是为了放出小麦产量的卫星，但同时又有一定的军事化管理。其时一位公社女社员介绍了她积极加入卫星营的动因："'卫星营'，是多么诱人的名词！既能创奇迹、放'卫星'，又能在集体生活中锻炼出文武双全的人材来！"据她说，许多妇女"哭着闹着"要加入卫星营，在经过一段时间的集中生产和生活后，"对分散的家庭生活反而不习惯了"。

新车站

3.**14** 1959年3月14日，改建后的天目路人车忙碌。照片中牌楼式建筑是老火车站大门，也即将进行改建。伴随着外貌的修葺，上海火车站内部也焕然一新，"已是晚上八点多钟了，候车室可还象白天似的，一支一支日光灯照在嫩绿色的矮墙上，照在淡湖色的窗户上，照在这里那里的盆花上，照在旅客们的身上，是那么柔和的光色，是那么安宁的气氛……"此时，上海火车站已经成为了一个每天平均吞吐着4万多旅客的大车站。

消灭 2 分

3.28 1959 年 3 月 28 日，格致中学高二（4）班的俄文小组在编教学板报。当年，中学生的日常学习生活场景常常见诸市委机关报的报端。春季开学一个多月后，解放日报记者发现，学校里"出现了既要学习好，又要劳动好的新风气"，许多中学表示要推动"学习、劳动、文娱体育全面大跃进"，被视作"正确的学习观点"。在此鼓动下，学生们的学习质量亦有提高——正是这个格致中学高二（4）班，组织了各种学科小组，成绩突飞猛进，"现在这个班已消灭了 2 分，百分之九十以上同学的成绩优良"。

干部带头

4 月

1959 年 4 月，嘉定黄渡公社第八大队党总支书记金佩华，为大队的老农点了一支烟。这是他们一日忙碌中的清闲时刻。从上年秋天起，包括金佩华在内的大队干部们就把铺盖搬到队里，拿出一半时间下田生产。记者写道，干部的带头作用颇为见效，他们"每天天一亮就下田，社员们看到金佩华这样带头生产，都反映：'金书记又要开会研究工作，又要参加劳动，每天起早睡晚，他都积极干，我们更要好好生产。'——这个原来出勤率并不高的生产队，出勤率很快有了提高"。

休闲春景

4.19　1959 年 4 月 19 日，市民群众在人民公园划船。这个当时上海市民最趋之若鹜的休闲之地，隔三差五就会在报上亮相，告知人们最新的景致。前一天的《解放日报》刚刚写道，人民公园里的 200 多株无花果树已经结了很多幼果。而在两个多月前的春节，原本花期分布一年 12 个月的牡丹、芍药、杜鹃、玉兰、丁香、菊花、桂花等 150 多个品种，通过人为培植控制的方式同时开花，为市民迎春助兴——当然，这是"人民公园全体职工，在大跃进形势的鼓舞下，打破迷信，大闹技术革新"的结果。

欢呼平叛

5.**1**   1959 年 5 月 1 日,上海各界 20 万人在人民广场集会游行,庆祝"五一"劳动节,同时"欢呼我国社会主义建设大跃进的伟大胜利,欢呼人民解放军迅速平息西藏叛乱巩固国防的大胜利。并且对干涉我国内政的帝国主义和印度扩张主义分子进行强大示威"。解放日报记者特意记下了宗教界队伍经过的场景:其中"有佛教人士,天主教、基督教人士,还有道教人士",他们和大家一起高呼"西藏是中国不可分割的一部分,粉碎外国干涉者破坏中国统一的阴谋"。一个多月前,达赖喇嘛刚刚出逃印度。

《战上海》

5.8

1959 年 5 月 8 日，八一电影制片厂开拍彩色故事片《战上海》，重现上海解放时的场景。前去探班的解放日报记者捕捉到了片场的两个镜头：外滩市人委门口的两个铜狮子前，"解放军战士"进入了市区；而不远处一幢大厦的后弄堂，"特务头子"蹑手蹑脚仓皇出逃……戏演得惟妙惟肖，连氛围都如出一辙。"昨晚的天气也恰巧是细雨蒙蒙，同一九四九年五月底人民解放军冒着细雨进驻上海市区时相仿佛。"记者在第二天的报纸上写道，"当年战斗的情景重又出现在人们的眼前"。

沼气动力

5.**28**　1959 年 5 月 28 日，一辆公共汽车用皮管输入沼气的镜头被记者捕捉下来。在媒体的叙述里，这也是"大跃进"中工人"节约汽油的新创造"。这辆样貌特殊的公共汽车，"车顶上张着一个大袋，停在大铁筒（沼气井）旁边加气"。报道写道，"一口袋沼气能跑三十公里。汽车用它发动，冲力大，跑的快，车厢里不再有难闻的油味，每辆车每年可节省二万多公升汽油"。

容国团

6.**1** 1959 年 6 月 1 日，夺得世界冠军不久的容国团在少先队员簇拥下走进市体育馆。
这天，容国团、姜永宁、杨瑞华和徐寅生等名将为 3000 名上海少年儿童进行
了乒乓球表演。两天前，容国团们同样在簇拥下走出火车站，开启近两周的上
海之行。这算得上是当年的"城中盛事"，人们不仅看了 8 场表演赛，还接受
了一次"精神洗礼"——上海的青少年运动员们就被要求以国乒为榜样，"永
远听党的话，照着党所指引的方向前进，努力培养自己成为又红又专的、祖国
体育事业的新兵"。

大师周信芳

6.23

1959年6月23日,解放日报记者拍下了京剧大师周信芳的家庭生活。那段时间,他和俞振飞等名家特地被上海戏剧界请来表演自己的看家戏。周信芳刚刚演过《打渔杀家》,俞振飞则演了《太白醉写》。几天后,64岁的周信芳又跑到了水稻田头。记者特地写了一篇《麒麟童田头"追韩信"》,称这是一场"难得的会见,正如周信芳在'追韩信'的开场白中所唱的'你我一见如故,是三生有幸'"。一位77岁的老农"兴奋地说:'麒麟童,麒麟童,这个名字我已经听了一辈子,今天总算看到了。'"

搞好服务

6.**26**
1959年6月26日，新成区饮食摊贩37小组主动为行人提供服务。那段时间，"搞好服务"在整座城市被提到很高的高度，《解放日报》甚至发了社论，强调这是"人民的切身事业，是社会主义建设中不可缺少的事业"。而存在于服务行业中的一些固有观念，亦被要求尽快破除。著名的三角地菜场就开了几轮"务虚会"，讨论"到底是哪一个问题来得重要？是为群众服务得好重要，还是自己管理方便重要？"从报道看，他们找到了"正确的答案"，比如传统"一条鞭"的设摊方式，就被改变了。

南北曲艺

7.14

1959 年 7 月 14 日,上海市冶金工业局中心试验室炼钢厂的俱乐部内,掌声四起,笑声不绝。著名相声演员侯宝林、郭启儒、刘宝瑞,滑稽演员姚慕双、周柏春、文彬彬等为钢铁战士作了一次风趣、生动的演出。侯宝林、郭启儒等刚从福建前线慰问归来路经上海,正值上海举办"广播、电影、滑稽演员说唱艺术交流大会串",南北曲艺大师欣然赴会,成为当年上海文艺界的一大盛事。

坐式气功

7.15 1959年7月15日，三名男青年在上海气功疗养所内"坐式练气功"。当年，媒体频频发文向公众解释"气功疗法为什么能治好病"。专家在报上写道，尽管对气功的科学研究为时不久，许多问题还得不到肯定结论，"但实践证明练功确实可以改善人体内脏功能，使身体健康情况好转的"。而气功疗养所内挂着的标语显然更耐人寻味。一张是"介（解）放思想，破除迷信，不断的和疾病作斗争"，另一张则是"必须政治挂帅，才能练好气功"——它们各自写在印有"静"字的纸上，挂在墙壁上。

锻炼防感冒

7.23

1959 年 7 月 23 日，上海市食品公司所属肉类加工厂的一名工人，在马路上举起杠铃。拍下这个镜头的记者写道，这位每天在冷库工作的冷藏工人"经过锻炼防感冒，提高工作效率"。在那个短缺的时代，为了扩大副食品货源，食品工人们可谓动足脑筋。《解放日报》的报道中写道，肉类加工厂党委提出当年三季度要育肥 400 至 450 万斤生猪的目标后，各饲养场干部群众"干劲冲天"。而为了完成指标，在溽暑逼人的 7 月，"这个公司所属饲养场又大力开展了防暑降温工作，尽量使猪过得阴凉舒服"。

高炮部队

7.25

1959 年 7 月 25 日夜晚，解放日报记者俞创硕特地爬上高处，拍下高炮部队驻守的场景。8 月 1 日，这张照片登在了《解放日报》的"八一"特刊上，俞创硕写下的说明，不过短短 14 个字："高炮部队时刻警惕地保卫着城市"。

"我们的商业广告"

南京东路第一百货商店，一面摆着收音机、电视机的橱窗里，"以和平鸽电波显示的'和平巨音'吓坏了美国战争贩子"。在它的隔壁，一把电吉他和两把手风琴背后印着一行五线谱——这是一个"以流行歌曲'社会主义好'的开头一句的乐谱为背景"的特别的橱窗。

在新中国成立的第十年，解放日报记者站在商店橱窗前，久久凝视这种"商品宣传与政治宣传相结合的橱窗陈列形式"。那段时间，上海众多商家纷纷对橱窗进行重新布置。距市百一店不远的时装公司，最醒目的是一幅仿丰子恺的诗画"勤俭治家""新阿大、旧阿二、补阿三"；淮海路上的金都绸布商店，也用衬画打出了"新三年，旧三年，修修补补又三年"的标语。记者由衷感慨，"社会主义广告与资本主义广告有着本质的区别，它不仅指导消费，而且与当前的政治运动和社会教育密切结合起来了"。

在那之前，昔日在上海滩光怪陆离的商业广告，一度因为"资本主义"性质备受贬斥。1959 年 8 月，商业部在上海举办了一场全国 21 城市商业广告、橱窗布置和商品陈列工作经验交流会，包括上海在内的 10 座城市还特别作了橱窗布置展演。这场中国最早的商业广告工作会议，明确了"商业广告工作还要发展"——它是"经常向人民群众介绍商品、宣传商品知识，指导人民消费的基本方法，也是社会主义文化领域内的一种美术形式"。而这时的商业广告，"必须具有思想性、政策性、真实性、艺术性和民族风格"，"使商品宣传与政治宣传结合起来，在实际工作中达到真实、美观、适用、经济和体现党与国家政策的要求"。

为了配合开会，《解放日报》专门发表了一篇"本报评论员"文章，试图告诉人们商业广告在"姓社姓资"上的"本质区别"："资本主义商业的广告所追求的目的，是靠消费者发财"，它们"以夸大、欺骗、刺激以至黄色为其特色"；而"我们的商业广告"，则必须根据党和国家的方针和政策，有目的地宣传商品的性能、用途和使用、养护的方法；同时对商品的供应方法、服务形式、购货地点等进行宣传——它们更像是一种服务指南，宗旨是为人民服务。

1959 年 8 月 3 日，中百一店橱窗布置的"和平的巨音"。

　　就在这段时间，上海对大量的路牌、招牌、霓虹灯、报纸、幻灯、实物陈列等广告进行了调查和整理，市中心区的政治宣传牌由 54 块增加到 93 块，并增加 6 处大楼高层霓虹灯政治标语广告。市区主要商业街的政治气氛明显热烈起来了。而在年轻的党报记者笔下，至少那个年代，讲健康讲政治的氛围同艺术之间似乎是天衣无缝的。比如南京西路万象照相馆，橱窗里陈列着钢铁工人、农民、青年、少妇、小孩和新婚夫妇的照片。"照片的姿势虽然多种多样，人物的形象也是各各不同，但是有一个共同点，"记者写道，"在人们的脸上孕育着健康的微笑，生动而深刻地反映了新社会中人们愉快的生气勃勃的生活"。

上海三把刀

1959 年夏天，当产业工人们在车间里"与火箭比速度"时，上海的众多手艺人，也沉浸于一场"比武"之中。

裁缝的剪刀、理发师的剃刀、厨师的菜刀，这些通常只在方寸空间内施展的刀们，开始频频出现在上千人聚集的大场面里。这年 8 月中旬，上海的服务行业举行了一次"服务技术的大检阅，大展览，大交流"，众多优秀厨师、理发师、照相师和洗染织补技师等等公开表演他们的技艺。而通过媒体绘声绘色的描写，手艺人的观众可以数十万计。

比如邑庙区糕点工场的王有发，就包出了上海名点"鸽蛋圆子"，它们"不仅要包得小巧玲珑，形状宛如鸽蛋一样令人喜爱，而且吃到嘴里有香甜的糖水，入口而化"。理发师黄家宝表演的是"三剪刀"，"他看准女顾客的散乱的头发，用剪刀'嚓嚓嚓'地剪了几下，在扩音机里宣布这一项目表演结束了"——原来这是黄家宝的绝技：在确定发型之后，只要三剪刀就可成型。而"最引人注意的是张学明的'长发短做'。他先将一位女顾客的头发，梳理成为波浪式长发，然后就象演魔术一样，用轻快的手法，梳理了几下，就立刻成为风凉式短发。而且看上去头发短而薄，一点也不显得臃肿"……

那个年代还没有发明出"工匠精神"这样的词。但和众多产业工人一样，这些今天听来陌生、当时却赫赫有名的名字，确确实实被视作这座城市的形象代言人。当然，他们所受的推崇，并不仅仅因为"精工细作"——上海的手工业和服务业早就名扬天下，但旧时就有的"三把刀"放入了全新的时代语境，意义便全然不同了。

像鸽蛋圆子，就是"在解放前已失传多年，到一九五六年社会主义改造高潮时才被发掘出来的"，显然已不再是一般的"传统技艺"。而变化还有很多。这年 7 月，解放日报记者樊天益就写了一篇《上海"三把刀"》。在细数了剪刀、菜刀、剃刀里的奥秘之后，记者特地加了一段话："在解放以前，上海'三把刀'的精湛技艺和独特风味，有一部分只能为少数有钱的人享受。解放以后，上海'三把刀'才获得了更多地为劳动人民服务的机会……很多著名的商店营业额成倍地上升，它的绝大部分顾主都是劳动人民。例如，定制高级西式女服的朋街服装店，现在的顾主中百分之八十是劳动人民……"

那之前，解放日报刚刚用一篇社论向社会呼吁，要重视那些曾被视作"侍候人"的服务性行业："不错，服务性行业的工作是'侍候人'的工作，但这有什么不好呢？在社会主义社会，人们是互相服务、互相'侍候'的，人人服务于人，人人又被人服务。"——这个时候的"三把刀"，寓意深刻，早已不只是普通的三把刀了。

1959 年 8 月 18 日，饮食服务行业举行技术表演，沪江理发店理发师表演削剪的操作方法。

收听公报

8.26

1959 年 8 月 26 日，中共八届八中全会（即著名的"庐山会议"）的消息，在闭幕 10 天后向公众播报。当晚，上海许多剧场、影院在演出间隙时间播送了公报和决议，正在上彩的上海京剧院一团的演员，就在后台听完了全会公报和决议的广播。第二天，包括戏曲界在内的文艺各界纷纷座谈呼应全会精神，表达"继续为跃进服务"的决心。正在排演话剧《大胆妈妈》的导演黄佐临说，他们原本准备在舞台上装转台，"但为了节省费用，最近准备采用戏曲跑圆场的办法代替转台"。

话剧《日出》

9.**14**

1959 年 9 月 14 日，演员白杨和章非正在排练曹禺的话剧《日出》，准备在话剧会演中登台。"在'演好戏、迎国庆'的战斗口号下"，排这出本来驾轻就熟的戏，也成了一件全情投入的大事。一周后的亮相果然赢得了满堂彩。第二天就有评论登报说，这出新修改的老戏在"白杨、章非、孙景璐、蒋超等人的创造性的努力下，演得比过去更为生色……勾引起了人们对旧社会的无比憎恨……例如白杨饰演的陈白露这个人物，她向往自由，但她又屈服于现实，最后终至造成了悲剧性的下场"。

特赦

9.29 1959 年 9 月 29 日，一批特赦犯离开位于提篮桥的上海市监狱。9 月 18 日，国家主席刘少奇签署特赦令，对于确实改恶从善的蒋介石集团和伪满洲国的战争罪犯、反革命罪犯和普通刑事罪犯，实行特赦。上海也研究了执行特赦令的步骤和方法。周谷城、陈望道、吴若安、周予同等上海市人民委员会委员"一致认为"，特赦"说明了我国社会主义革命和社会主义建设已经取得伟大胜利，我国人民民主专政的政权空前巩固和强大，全国人民的政治觉悟和组织程度空前提高，国家的政治经济情况极为良好"，党和政府对罪犯实行的政策得到了伟大胜利。

十年大庆

10.**1** 1959 年 10 月 1 日，新中国建国 10 周年之日，上海在人民广场举行盛大典礼。这一天，上海终日沸腾，上午的游行足足持续了 2 小时 30 分钟，人民广场和全市 11 个区的集会点上足足涌来 60 万人，《解放日报》次日发表的报道长达近 6000 字。"无数的鲜花、无数的彩旗、无数盛装的人，汇成绚丽的河流，歌唱着胜利、歌唱着欢乐，从四面八方涌向人民广场"的场景，被事无巨细地记录下来。

农民新村

10.1 1959年10月1日，嘉定长征公社的社员搬进了新建的农民新村。此前，上海县马桥和宝山县彭浦两个公社新建的农民住宅区已经完工投用，作为国庆献礼工程，这些新住宅区的形式有一楼一披、二层楼和三层楼三种，每户人家有卧室、客堂、小厨房、贮藏室、厕所等一组住屋，住宅区内还有公共食堂、幼儿园、托儿所、商店、诊疗所等配套。《解放日报》此前的报道特别强调，"兴建这些农民新住宅区，只有在建立人民公社以后才办得到……"

群众性售棉

10.**10**　1959年10月10日，横北生产队队员把新棉卖给收购站。这一年沪郊棉花丰收，各县特别成立专门机构，开展"群众性售棉运动"，光南汇县在10月12日一天内，就有8.7万余名社员及机关干部、学生同城市居民突击采摘新棉。而据报道，这一年因为大跃进，"本市商业部门收购工业品和农副产品的情况也越来越好"，"郊区农副产品的收购情况也十分良好"。其中，新棉收购入库的进度异常迅速，"至十月底止，新棉收购量比去年同期增加百分之三十二"。

发棉衣鼓干劲

11.13

1959 年 11 月 13 日，作为"反右倾鼓干劲"的动作之一，上海第二毛纺厂的领导赶在寒潮到来之前，为车间工人发放了棉大衣。《解放日报》当月末刊发的报道回顾，厂里的部分干部曾在年中"片面强调优质，认为产量计划落实得越低越稳当"，8 月"行政上又强调要提高质量为理由，竟提出了月产十一万米的低指标"。此时恰好传来了"反右倾鼓干劲"的讯号，"职工情绪高涨，他们批评领导：'只算死账，不算活账，只要质量，不要产量'的右倾思想，又把领导提出的力争数改为确保数……"起起落落，数据重新飙升，11 月"全厂形势大好"。

"老黄忠"

12.27

1959 年 12 月 27 日，上海县马桥公社的 8 名"老黄忠"在解放日报记者毕品富的镜头前合影。这年 8 月开始，这 8 名平均年龄 53 岁的老农开始"大搞丰产田"，并在公社大会上表态要"争取水稻超千斤"。报道称，老人看到一群群小伙子生龙活虎地在田头战斗，"想起了一九五八年大跃进的成果，不禁暗暗摩拳擦掌，想投入这个火热的斗争中去"。几个月后，"老黄忠"种的晚稻脱粒验收结果是，"26 亩六分九厘水稻平均亩产 938 斤，其中 5 亩平均亩产 1255 斤"。

走 出 困 难 期

1960
1961
1962
1963

在继续大跃进的口号下

1959 年的最后一天，柯庆施市长在市人民委员会第十二次会议上，提出了来年的奋斗方向："上海人民要在 1959 年大跃进的胜利基础上高速度地发展生产，争取 1960 年的继续大跃进。"

1960 年的"继续大跃进"，底气从何而来？

刚刚结束的上一年，上海的工农业生产均提前完成国家下达的指标和任务。《解放日报》发表题为《迎接新的更好更全面跃进的一年》的元旦社论，总结指出在上一年里，无论工业农业副业生产，上海各条战线都实现了更好更全面的大跃进，做到了思想大丰收，生产大丰收。展望新一年，柯市长要求：全市人民在国家给予的原材料基础上，努力节约代用，大力生产原材料，大搞原材料的综合利用，千方百计地超额完成国家任务；为使上海工业向高大精尖方向发展，上海各工业部门应努力抓紧生产高级、精密的产品，生产质量第一流的产品；要不断地提高劳动生产率，继续实现"增产不增人"的口号，抽调技术力量支援新建单位；要进一步巩固人民公社，更大地发展农业生产和农村经济，开展多种经营；要大力加强科学技术工作，大力培养科学技术人才，大力提高教育质量。

这一年的 1 月上中旬，中共中央政治局扩大会议在上海举行。会议认为1960 年仍将大跃进。上海坚定响应中央号召，继续搞"大跃进"。

这一年的 1 月，全市的科学技术会议明确提出了科技工作必须为经济和国防建设服务，提出上海要加速发展原子能、电子学、半导体、计算技术、新型材料等高精尖科学技术。几日后，市人委决定，10 家大中型轻纺工厂转为仪表电子企业，生产开发仪表电子产品。进入 3 月，全市工交系统开始开展以机械化、半机械化、自动化、半自动化为中心的技术革新和技术革命运动。至 5 月，在

第三届市人大三次会议上，大会报告提出深入开展技术革命、文化革命、思想革命和大办城市人民公社，把上海建设成为生产高级、精密、尖端产品的工业基地和先进的科学研究基地。也是在这一年的5月，毛泽东主席在上海会见了英国元帅蒙哥马利；两天后的5月29日，他参观了在上海举办的全国机械工业新产品、新工艺展览会。

今天看来，很多当年人们激情燃烧、继续大跃进的举动，其实都能在1960年元旦的市长寄语里找到预告。也的确要很多年过去，经时间和实践检验、人们的回望正视，才晓得当年正是因为对彻底改变国家"一穷二白"的面貌有强烈迫切的美好愿望，人们才会以极大的热忱，去拥抱和继续"大跃进"。

事实上，忽视客观规律超越发展继续大跃进，以及当年对重工业的过分倚重，使得当时的国民经济比例关系严重失调，加之三年的自然灾害，至下一年度，上海已经出现了煤电和生产资料短缺、城市供应不足、一些工厂几欲停工等多方面困难。为此，上海做出"缩短重工业战线、压缩基本建设规模，减少职工和城镇人口"等方面的相应调整措施，动员家在农村的职工回乡参加农业生产、辞退一部分家居城镇的里弄工和临时工，动员一部分符合职工退休退职。到1962年，全市精简职工35万人，其中工业部门尤其是重工业部门的职工占到24.5万人。之前大跃进中遍及上海里弄新村的街道工业，也面临大幅缩减，为了不让街道单位与大工业争夺原料，接下去几年间市区街道工业由7500余户收缩到3800余户，从业人员从24万人直减去一半。

这个时期，城市副食品等供给匮乏短缺，居民凭票限量一月"二两油二两肉"，生活必需吃粮也要一再节省精打细算才能为继。节衣缩食，成了那些年市区城镇居民日常生活中的第一要务。日后几乎发展得要被人诟病的上海人的"精打细算"和"抠门"，其实是生活必需品拮据短缺等现实生活所迫下，不得不发展出来的应变能力。譬如，面对食物的匮乏，在国棉十厂，食堂里的工作人员研究的不是如何把菜烧得丰富美味，而是研究如何把素材荤做，一菜多做，以改善职工伙食；在普陀区产院里，工人们将破旧被单改成小被单，将剪下的零碎布匹改为小尿布，从而节约棉布；在静安区愚园路居委会，居民将家里的铜铁制作的生活用品出售给国家，支援工业建设；在卢湾区五里桥街道，居民把每日的粪便都收集起来，集中推着车提着马桶，送肥下乡支援农业。

随着中国最早的电视大学——上海电视大学和上海业余工业大学相继开班授课，曾经无形地隔绝在一线工人和技术人员之间的藩篱被打破了。苏步青等学术泰斗级教师的加盟、半工半学制的读书方式、以及空中授课的教学模式，对这些来自一线，有丰富实践经验的工人学生的帮助是显著的。很多人在短时间里就进步迅速，工人将所学的都倾囊相授于岗位上。这让上海充满希望：这座工人的摇篮，也能在新时代用自己的方式，快速培养出一支又红又专的科技队伍，迅速加强科学技术研究。在那个时代，全市大街小巷，工人的地位很高，普通市民的科研热情也高涨。如果谁在那几年曾采访过当时的中小学生，那么"长大成为科学家"和"当一名解放军"，几乎是十有八九。

那时的人们，少有叫苦，而是以奋发图强为荣，对建设一个属于自己的科学强国普遍信心满怀。

这一年，1960，在上海，完全由中国人自己研制、自己设计、全部采用国产材料的中国第一艘万吨远洋货轮下水。它的感召力量，如同响亮的号角。即便已经过去半个多世纪，但凡曾经听闻此事的人们莫不激动自豪——由此上海开始建成了一大批万吨级以上船舶，在中国的造船史上写下了彪炳历史的一页。

这一年，1960，在上海，同样令共和国骄傲的还有：上海沪光科学仪器厂工人王林鹤经过 371 次试验，试制成功万伏高压电桥；中国第一枚试验型 T-7M 液体探空火箭，在上海南汇老港秘密发射成功；全国第一台国产 10 万千瓦双水内冷汽轮发电机，在上海电机厂制成；全国首台门座式起重机，由上海港机厂造出；全国第一台国产脑电图机，在上海宇宙理化器械厂试制成功；而在上海广播器材厂，开始批量生产 18 英寸电视机……

而至这年底，报章新闻报道本市不可缺漏的重大消息，有：1960 年，上海的钢产量比上一年增 38%，钢的品种比上年增加了一百多种，重型机械、机床、动力设备、交流电动机、农机、化肥设备等也有了较大增长；在农业方面，郊区战胜了自然灾害袭击；为改观城市副食品的供应，上海市委发出号召："变芦苇滩草滩为城市副食品供应基地"。上海市成立了围垦指挥部，由各局和各县组织力量到崇明岛、长兴岛和奉贤县围垦滩涂，兴办畜禽场。这年的冬季，全市参加围垦的工人、农民和机关干部就达十多万人，次年围垦土地 12.5 万亩，建 16 个国营畜牧农场（逾二十年间，围垦出的土地达 92 万亩，成果惊人）。

也在这一年，上海撤销了江宁、新成、蓬莱、邑庙、提篮桥、榆林 6 个区，设立了静安、南市、吴淞、闵行 4 个区，至此，上海的区划，进入了 1960 时代，连同原来的杨浦、闸北、虹口、黄浦、卢湾、徐汇、长宁、普陀 8 个区，市区共为 12 个区（后 1964 年吴淞并入杨浦区、闵行并入徐汇区）；郊县则为 10 个，依次为嘉定、宝山、上海、川沙、青浦、南汇、松江、奉贤、金山和崇明。这样的区县格局，一直延续到上世纪的 1987 年底，后几经区县撤并，乃至今日的上海 16 个区级行政区划。在今天的上海地图上，它们分别为：黄浦区、徐汇区、长宁区、静安区、普陀区、虹口区、杨浦区、浦东新区、闵行区、宝山区、嘉定区、松江区、青浦区、奉贤区、金山区和崇明区。

同全国度量衡制一样对标，这一年，全市商贸系统一斤 16 两制改为一斤 10 两制。

卡普隆布料

1.8

1960 年 1 月 8 日，一位女工在试穿卡普隆衣服。卡普隆衣料是在对煤炭综合利用后研制出的新品，既是上海化学工业、纺织工业的重要成就，也被作为落实"综合利用、节约代用"口号的一大事例。当年，由于"原材料供应在数量和品种规格上仍存在一定的问题，一时还不能完全满足客观的需要"，上海提出对煤、油、电、木材等原材料"综合利用、节约代用"的要求，以实现"持续的跃进"。一时间，各种革新方案层出不穷，单单全市里弄妇女在两三个月内就"实现了一万多项革新"。

糖果增产

1.**9**　1960 年 1 月 9 日，春节临近，儿童用品商店放满了大批糖果。据报道，1960 年春节来临之际，全市食品工业部门发动群众，努力增产。各食品厂一月份生产的各种糖果比去年十二月份增加 66% 以上，饼干增加 31%，啤酒增加 29%，其他如面包、点心、各种罐头食品也都有很大增长。另据上海市第二商业局的材料显示，1960 年 1—4 月，上海市场糖果供应比去年同期增加了 37.6%，"这些商品供应量增加的幅度都是很大的，但仍然不能充分满足消费者的需要"。

森林式储藏

1960 年 1 月 11 日，三角地菜场用森林式储藏方式储藏大白菜。1960 年年初，郊区公社为了使上海城市人民欢度佳节，千方百计增加蔬菜上市量，并提出"少吃、吃粗、多售"的口号，把好的、细的蔬菜供应市场。而上海各菜场在春节前还专门召开全市菜场工作跃进大会。为组织大白菜的上市，在"增产不增人"的基础上，600 多位菜场工作人员还带了铺盖，到崇明县各公社去和社员一起割菜。

芦荡火种

　　1960 年，一部新戏正在上海酝酿。没有人料到，日后它将成为全国人民最熟悉的故事之一。

　　是年 1 月，当解放日报记者来到当时的上海市人民沪剧团（上海沪剧院前身）时，看到的是演员们正在热火朝天排演现代剧《芦荡火种》的场景。和那个年代所有演员一样，当时，从福建前线慰问归来的沪剧演员丁是娥、石筱英、解洪元等刚放下行装，就投入了排练。

　　记者用非常具有时代感的笔法写道："福建前线战士们的英雄事迹和反右倾、鼓干劲学习激励和鼓舞了剧团全体人员。他们为排练这出反映抗日游击队的英雄斗争的现代剧，提出了一个新的指标：八天排出这个十三场的大戏，在质量上，他们以'星星之火'作为比、赶的对象。"

　　上海市人民沪剧团作为上海第一个国营沪剧表演团体于 1953 年 2 月成立。同年秋冬，就推出了由丁是娥、石筱英、解洪元、邵滨孙、筱爱琴等主演并名扬中南海的沪剧新作《罗汉钱》，沪剧由此在新时代找到自己的发展方向。"假如说有的地方戏是因为一出戏的'推陈出新'做得好，以至救活了一个剧种的话，那么对我们来说就是：没有革命现代戏，就没有新沪剧"，名角丁是娥日后这样说。

　　解放以前，在上海，沪剧的概念并不统一。上了年纪的本地人叫它"本滩"（本地滩簧），有的人叫它"申曲"，所演的多是男女情爱、市民生活。但到了解放以后，沪剧出现了富有革命意义的现代剧目。

　　在《芦荡火种》中，丁是娥扮演一个地下交通员阿庆嫂，石筱英扮演沙老太。对演员来说，排戏不仅仅是排戏，也是他们跟上新时代的方式。时任剧团团长陈荣兰发现，当他们将《芦荡火种》送到解放军部队去演出时，战士们把看戏当作上政治课一样，认真地学习、讨论，热情地提出意见，帮助剧团修改剧本。这些解放前演出过才子佳人戏

1960 年 1 月 16 日，上海沪剧团赶排春节新剧《芦荡火种》，导演正和演员丁是娥（右二）、石筱英讲述剧情。

的演员由衷感叹：新时代英雄人物的英雄事迹，是那些《蝴蝶夫人》、《秋海棠》等等故事所远远不能比拟的。

到了 1964 年，《芦荡火种》连演九个月，推出 310 场，观众逾 51 万人次。这份热情让解放前就因为参演《杨乃武和小白菜》而有过连演六个月经历的石筱英感叹："我演的杨淑英，为了替她的地主阶级兄弟杨乃武'伸冤告状'，给了观众什么教育呢？这样的坏戏，演期越长、观众越多，对人民群众的毒害越大。今天除了惭愧、悔恨而外，还有什么值得骄傲的呢？现在我演革命妈妈沙老太，我演她的时间越长，对这个角色的内心世界'挖'得越多，我自己受这个角色的教育也越多，思想上要求进步的愿望也越迫切。"

另一位沪剧演员筱爱琴补充了一个有趣的例子：沪剧团到北方一个城市去演出，当地的一些工农兵观众不了解什么叫沪剧，可是当演员告诉他们这就是演电影《星星之火》的剧种的时候，他们就恍然大悟，连声叫好。演员们告诉前去采访的记者，原来广大工农兵革命群众欢迎的并不是因为这个剧种是"沪剧"，而首先因为它是"演革命现代戏的剧种"。同时，也可以看到戏剧界大演现代戏不仅是"大势所趋"，符合革命时代的要求，而且是"人心所向"，符合广大工农兵革命群众的意志、愿望的。

1963 年，人民沪剧团的名剧《芦荡火种》应邀赴京演出，后被改编成京剧《沙家浜》，作为样板戏，在接下去的十几年里，传唱全国。

自动跟踪电焊机

1.**25** 1960年1月25日，沪东船厂造船车间工人季小瑜（左）在展示自己研发的一台自动化跟踪电焊机。之前的自动电焊机在钢板坡度大于15度时，就无法上爬，而这台电焊机在坡度60度的钢板上，不论是横向或垂直方向，都能自动焊接。季小瑜文化水平不高，但能大胆提出想法。在三位交通大学实习学生的帮助下，不用娇贵的光电管，而采用给电焊机装轮子顺槽爬的土办法，奋战25个日夜、试验了五六十次后，这台电焊机终于研制成功。同学们说：〝为了社会主义，不行也得行！〞

熟煤球

3.**3**

1960 年 3 月 3 日，西宝兴路居民服务站为便利居民早上生煤球炉，把熟煤球送上门。熟煤球，一分四只，一户人家只要买三分钱煤球，就可以烧一餐早饭，更重要的是省下了引火柴。当时有这样的统计，"每月每户平均节省五斤引火柴的话，全市每年可节约木柴六十六万担"。在节约木材的同时也要节约用煤。为此，各方也想尽办法，比如把煤球改为煤球和煤屑搭配，或者用烂泥、瓦片、乱头发大力修补漏气或者炉膛太大的煤球炉，提高燃烧效率。

几天革个命

1960年3月18日，上海人民沪剧团在闸北带钢厂学习慰问，还带了针线包、理发设备，抽空为工人们缝衣补裤。为反映英雄时代风貌、歌颂技术革命闯将，1960年的春天，上海文艺工作者纷纷深入工厂，日夜赶编赶写英雄故事。报道称，"上海市人民淮剧团有些演员过去对搞创作有畏难情绪，这次通过下厂参观学习后，以工人'几天革个命'的干劲来攻'创作关'。经过几天苦战，他们终于写出了五个剧本、三十五个小演唱"。

电视大学

　　"数学的特点是它的抽象性和严密性，我们要很好地学习它，掌握它，必须破除迷信，解放思想，战略上藐视困难，战术上重视困难。" 1960 年 3 月 19 日下午四点半，复旦大学副校长、中国著名的数学家、教育家、中国微分几何学派创始人苏步青走向讲台。

　　和往常一样的是，苏教授手持粉笔对着黑板开始上课。但和往常不一样的是，这天苏教授面对的教室里没有学生——而是摄像机。这是他在上海电视大学作第一次讲课，主题是"数学在社会主义建设中的作用"，时长 45 分钟，这也是上海电视大学在电视台举行的第一次试播。

　　1960 年的这个春天开始，上海各界群众学习知识有了新的途径。以往从不轻易示人的大学象牙塔，对外打开了"空中旁听"的窗户。全市许多单位里的工人、技术员、军官、干部、教师和中学生从此可以通过电视大学学习。

　　虽被誉为"数学之王"，但给看不见的学生上课，对苏教授也是一次挑战。在备课时，他特意把抽象的事物讲解得深入浅出，他这样向人们解释：

　　"数学是一门谨严的科学，学习它的时候，决不容许自以为是，含含糊糊。例如，$1 - 1 + 1 - 1 + 1 - 1 + 1 - \cdots\cdots = ?$ 有人把它写成 $(1 - 1) + (1 - 1) + (1 - 1) + \cdots\cdots = 0$；但有人则以为 $1 - (1 - 1) - (1 - 1) - \cdots\cdots = 1$。为什么会产生两种不同的答数呢？这是因为，把一个无限级数的求和看作有限级数的求和一样，随意加添括号进去。由于忽视了严密性，就产生两个完全不同的结果。所以我们要艰苦地、踏踏实实地、勤奋地学习数学。正是因为数学有抽象性和严密性的特点，它才有应用的广泛性。"

　　听了这样的讲解，当时，国棉一厂的工人就说："这种办法很好，一个人讲课，全市都能学。"警备区部队的干部说：真和在教室里上课一样！

　　作为全国最早创办的以声像教材、文字教材诸媒体相结合进行远距离教学的高等院校，上海电视大学在开办初期，即设数学、物理、化学三个系，教学工作分别由复旦大

1960 年 3 月 19 日，上海电视大学试播，苏步青在上数学课。

学数学系、华东师范大学物理系、华东化工学院（1993 年改名为华东理工大学）承担。招生对象为具有高中文化程度或同等学历的厂矿企业、政府机关、部队、学校等的在职人员，以业余学习为主。当时电视机非常罕见，只极少数部委一级的大单位配有，因此学生多为集体收看，并由各区、县教师红专学院等单位成立了 27 个电视教学辅助站，对学生进行教学辅导。到 1965 年，有 1139 人（含有 1962 年增设的中文系学生）获得上海电视大学毕业文凭，1291 人获得单科结业证书。

　　1960 年，在上海，同时向普通人打开校门的，还有 9 月 28 日开学的上海业余工业大学。这所大学录取的学生都是工业生产上的骨干和技术革新能手，还有不少全国和市级先进生产者。至 1965 年，这所学校的在校生达到 3508 人，其中有全国和市级先进生产者 310 人，厂长、车间主任等干部 469 名，工人出身的技术人员 1149 人。当时的报章称：曾经竖立于知识分子和普通体力劳动者中间那道无形的学术藩篱，被打破了。

战斗中大扫除

3.**25**

1960 年 3 月 25 日，南市区保安路里弄居委会组织居民在战斗中大扫除。1960年 1 月，市爱国卫生运动委员会提出，"立即掀起一次大规模的爱国卫生运动突击高潮"，并要求在当年春节前后，"掀起三次突击高潮"。当年 3 月，又一次"遍及全市的、翻江倒海的春季爱国卫生运动进一步猛烈展开。"在诸多突击高潮中，全市群众高度动员，仅 3 月 25 日当天，普陀区就投入 8.3 万人，消灭了大量蚊蝇，而西康路菜场一位 65 岁职工一天就挖出 1900 多斤阴沟泥。

张庙一条街

3.**25**

1960年3月25日，市民在围观吴淞区张庙大街的喷水池。1960年，随着新兴工业区的建立和工人住宅区的增加，市郊出现了一批繁荣的商业大街，如"张庙一条街"、"闵行一号路"、"天山路一条街"等。其中，由18幢公寓大厦构成的张庙大街成为"学习党的社会主义建设总路线的生动教材"，长约700米的街道，开设了20多家商店，商场面积达7000多平方米。几乎所有的国外访问团都会被安排参观张庙大街。据不完全统计，1960年至少有45个国外访问团过访张庙街。

灯下党课

4.1　1960年4月1日，松江新五公社联星生产队支部在举行党课教育。在学习马克思列宁主义、毛主席著作的群众运动中，本市郊区农民积极投入学习。联星生产队党支部从1959年7月开始，月月坚持上党课，提高阶级觉悟。"我们文化低，毛主席的文章虽然有些人读不出，但是听得懂，"有的干部原来怕读不出，学不会，但参加学习以后，觉得"比任何文章都听得进"，还自己去买书，叫别人读来听。这个干部说："毛主席的这些话要是让社员都知道，我们做工作不知道要好做多少呢。"

开门操

4.**12**　　1960 年 4 月 12 日，淮海中路妇女用品商店职工在开门前列队做广播操。从
1959 年底开始，卢湾区体委要求淮海路上商业系统职工参加开门操活动。三
个月后，从陕西南路口到重庆南路之间的 200 多家大小商店中已有 90％ 以上
的商店职工参加了开门操，"每天早晨，八时三刻，广播操的音乐声便在淮海
路上空悠扬地响起，展眼望去，沿街两旁站满着做操的人群。商店职工歌唱
道：'人人参加开门操，精神愉快身体好，每人每天做二套，商业跃进能确保。'"

万吨轮 "东风号"

1960 年 4 月 15 日，江南造船厂建造的国产第一艘万吨级远洋货轮——"东风号"下水。

黄浦江边，一派欢乐景象：宏伟的万吨巨轮，披红戴绿，雄踞在高高的船台之上，船台旁边红旗飘扬，锣鼓喧天，一片欢腾。下午三时半，主席台上一声令下，彩纸迎风飞舞，群鸽凌空飞翔，全厂成千上万的职工不断拥向船台，拥向黄浦江边，激动欢呼雄伟的巨轮从船台的滑板上滑向江心。

这艘巨轮，长约 161.40 米、型宽约 20.2 米、型深约 12.4 米，排水量约 17000 吨，载重量约为一万公吨，航速约 16.65 节，续航力约 12000 海里。它建成开航以后，从上海起经太平洋、印度洋和大西洋，中途不加燃料就可直达英国伦敦。而最重要的是，这艘巨轮完全由我国自行设计、自己建造、全部材料和设备均为国产。这标志着，上海造船工业的技术达到了世界先进水平。

在技术革命热浪的号召下，巨轮的设计，是由船舶产品设计院设计二室担任的。设计人员以三个半月的时间完成了施工设计。造船所需的高强度合金钢板，是鞍山钢铁厂试制和生产的；巨轮所用的大型柴油机、新式辅机等，是由沪东造船厂、上海船用辅机仪表厂和其他许多单位分别制造的。

是年 3 月 25 日，上海市工业会议即将召开的消息如 "一股强烈的东风吹进了江南造船厂"。本来，万吨轮计划在 4 月 26 日下水，但工人们干劲一鼓再鼓，把下水日期提前到 4 月 15 日，用实际行动向大会献礼。

我国自行设计建造的、全部使用国产材料，达到国际水平的国产
首艘万吨巨轮下水。

电气车间的老钳工陈喜根，向在高中读书的女儿学习物理和三角知识，用普通的机床，制造出了完全符合精密程度的零件。电气工程师马腾图，阅读了成千上百种中外书籍，经过几百次的失败，制成了中国第一台的新式航海仪器。"焊机缺少，工人们立即大胆制造电阻器，改装多头电焊机；吊车起重能力不够，工人们就动脑筋利用平衡木原理以土办法吊装庞大的桅杆，组织大批土扒杆，用蚂蚁搬泰山的办法配合吊装，使生产效率一下提高了二十倍。锻压车间工人只一天时间，就打好了重达五吨的舵杆；船体分段一进入船台装配合龙，全国先进集体严纯辉小组和徐金祥小组、潘锡林小组的工人，更是你追我赶，竞相跃进，创造了许多奇迹"。

　　在 49 天的日日夜夜里，造船工人发挥了冲天的干劲和无穷的智慧。主要结构焊缝质量经 X 光透视，合格率达到 98％，比 1959 年建造的"和平五十八号"5000 吨海轮提高了 1.9％。另外还节约了大量的钢材和人工，使船壳建造成本降低了 5.5％。当看到巨轮下水，人们惊呼"这是总路线的胜利，是技术革命群众运动的胜利。这艘万吨巨轮将带着祖国的荣誉和骄傲航行在辽阔的海洋上"。

　　继"东风号"之后，20 世纪 60 年代，上海建成的万吨级以上船舶有 1.3 万吨级、1.6 万吨级、2.5 万吨级货船以及 1.5 万吨级和 2.4 万吨级油船，在中国造船史上写下了浓墨一笔。至今，老卢湾的居民都会激动地回忆起，在 1960 年代的第一个春天，第一艘万吨轮从这里下水。

反美示威

4.**29**

1960年4月29日，参加支援南朝鲜人民爱国正义斗争大会的女民兵们高呼口号。
当日从早晨开始，本市40万群众列成浩浩荡荡的示威队伍，高呼着"支援南
朝鲜人民的爱国正义斗争"、"美帝国主义从南朝鲜滚出去！从日本滚出去！从
南越滚出去！从我国的领土台湾滚出去！"等口号，从四面八方奔赴人民广场。
"许多工人来不及擦掉手上的机油，穿着工作服就从车间里赶来了"。已经组织
起来的城市居民——张家宅妇女激动地说："我们要坚决支持南朝鲜人民来赶
走美帝国主义，让他们和我们一样过好日子。"

农民庆五一

5.**1** 　1960 年 5 月 1 日，老农民扛上长凳去开庆祝会。五一劳动节，郊区各县在节
日里开展多种形式的庆祝活动。除西郊公园举行万人游园庆祝大会，由各县农
民代表参加外，各县、各公社、各生产队也分别召开庆祝大会、举行小型游行
和联欢活动。节日晚上，人民公社社员们还参加各种晚会，自编自演各种节目。
许多老人老早来到会场。问一位 82 岁老人：″今天为啥来得这样早？″她说：″为
了庆祝自己的节日，不早一点来说不过去。″

清理物资

5.**8**　1960 年 5 月 8 日，愚园路居委会发动居民清理仓库，将旧铜烂铁出售给国家。
年中，一个大规模清理物资运动在全市展开，要求是"使一切呆滞、积压、浪
费或无用的物资统统清理出来，点滴不漏，让每一块钢铁、每一寸木材、每一
斤煤炭……，都能用到最迫切的地方去，在生产跃进中迅速发挥出它们应有的
作用"。许多街道里弄为此组织"觅宝队"。有的里弄还在废物基础上创制新产品，
"如从孕妇小便中提炼出了绒毛促性腺激素，从菜叶菜皮中提出绿叶素等等"。

支援外地

1960年5月17日，上海各钢铁厂将支援外地建设的钢铁工人送到车站。当时报纸如此宣传：输送本市一般劳动力参加外地建设工作，不仅是对国家建设事业的直接支持，也是贯彻上海建设和改造方针的一项具体措施，由政府有计划有组织地输送工人，则是这一工作的办法之一。上海工人踊跃响应号召，"提篮桥、蓬莱两区参加动员大会的工人有百分之八十以上当场表示要去建设西北。走马塘工赈工地第十三中队全队四十七个工人，有四十二人报了名"。

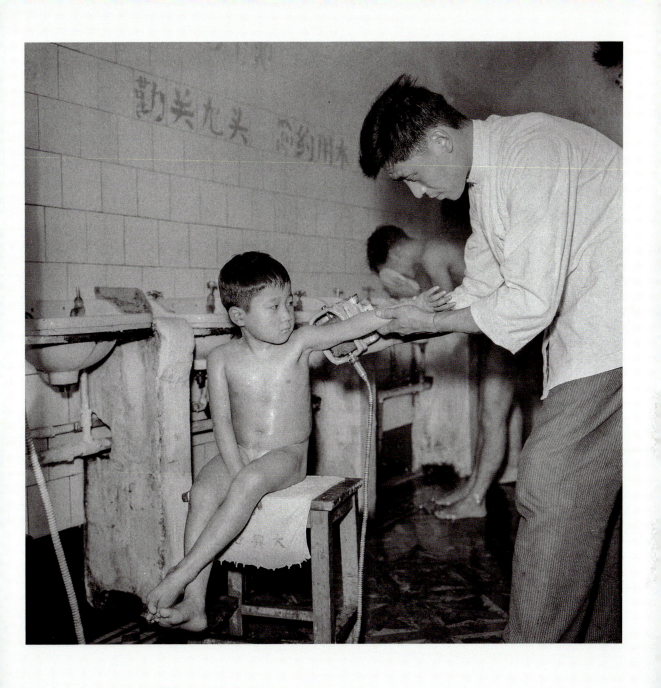

"自动擦背"

6.**12**　1960 年 6 月 12 日，浴室职工正在用自动擦背机为顾客服务。当年，技术革命的热情洋溢在上海街头，自动打酱油机、自动煎药机、自动淘米机等等冠以"自动"的创新层出不穷。棉布店推广使用自动量体机，"一架象电磅秤似的机器"，顾客站上去，"指示器刹时亮了，箭头指在尺码上"，"店员再用不着拉住皮尺给人量长短、胸围，无论你要做中山装、人民装，这架机器都会准确地告诉你该剪多少布"。只有一把扳头和一把榔头的汇泉浴室，也搞了 22 项革新，"浴客躺在靠椅上想抽支香烟，伸手就能摸到自动发火机"。

游泳术

7.9　1960 年 7 月 9 日，年轻人在常熟路游泳池跳水。当年入夏，许多工厂、学校和农村的基层组织十分重视群众性游泳活动的开展，通过各种方式宣传开展游泳活动的重大意义和毛主席提出的三亿人民都来游泳的伟大号召，消除了许多人怕难为情、怕下水的思想顾虑。当时许多文章还将学习游泳熟悉水性，与学会生产结合在一起，"在我们生产斗争中，要想出色地完成生产任务，保持生产上的不断跃进，也必须学会生产上的'游泳术'"。

第一次下水

7.9　1960 年 7 月 9 日，海滨人民公社的女社员第一次下水，学习游泳。1960 年，上海城乡人民踊跃参加游泳。是年 7 月中旬，仅据市区 21 个游泳池的统计，已有 47 万余人（次）参加了游泳活动。近郊各县利用可以游泳的天然河流，已经开辟了 70 个天然河流的游泳池，仅三天，就有 3 万多人（次）参加了游泳活动，"其中有年仅四岁的幼儿园儿童，也有五十多岁的老妈妈"。在描写一位第一次下水的的女社员时，记者写道："她虽然还不会游泳，但是劲道挺粗，在水里窜来冲去，活象一条鱼似的。"

五味斋菜社

7.9 1960 年 7 月 9 日，五味斋菜社顾客盈门。上世纪五六十年代，南京西路五味斋菜社是上海商业服务领域的标兵。手艺好，1 分 45 秒，就能把三条大黄鱼剔得骨肉分离；暖心服务，也让五味斋获得"社会大学"美誉，成为公私合营餐馆的标杆。店内服务员能够主动搀扶有需要的顾客，不忘看望得病的顾客，还要为顾客选择合适的菜品。曾有一次，由于未能当场制止顾客多点了菜品而造成浪费，当事的服务员还专门做了自我检查。

城市养猪

7.**15**   1960 年 7 月 15 日，市公安局饲养场职工在照看猪群。自 1959 年年中至 1960 年年初，上海发出了全党全民大搞副食品生产的号召，掀起了一个群众性以养猪为中心的副食品生产高潮，"半年多时间，全市机关、部队和工厂、学校已养猪十六万五千多头。目前已有少数单位做到了肉食自给或者部分自给"。《解放日报》还发表了《机关养猪大有可为》的社论，批驳了认为城市养猪"违背城乡分工原则"的右倾思想。教育卫生系统也提倡在"学校、医院、体育场馆养猪"，说是"既养好了猪，又锻炼了人"。

增粮蒸饭法

8.**27**

1960 年 8 月 27 日，上海第一医学院食堂实行增粮蒸饭法，出饭率增加 1/4 到 1/3。上海市高等教育局从 1960 年 8 月 10 日开始，举办了为期两周的高等学校食堂工作人员训练班。本市 33 所高等学校和中等专业学校的炊事员和食堂管理人员 70 人参加学习，交流的许多经验却不限于做菜，而是更关注节约。如第一医学院节约用粮，提高了出饭率，每斤籼米能出饭 4 斤以上，而一般学校目前只能达到 3 斤多些。上海第二医学院节约用煤，每人每日用煤量经常保持在 5 两以下。

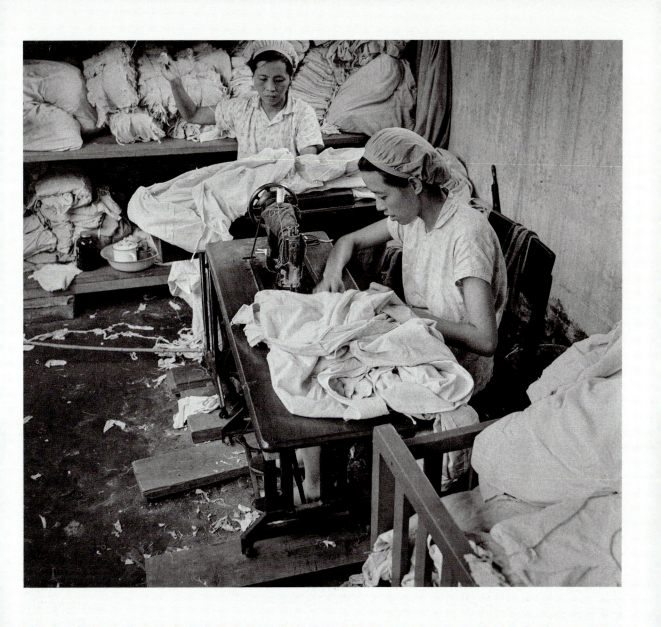

厉行节约

9.8 1960年9月8日，普陀区产院将破旧被单改成小被单，将剪下的零碎布改成尿布，从而节约棉布。1960年，厉行节约精神贯彻在全市各项工作中。在普陀区产院，医院电灯坏了，过去都出钱请水电服务站来修，现在公务员自己修。婴儿室的婴儿床用院内的废旧木料制成15张。婴儿的尿布就用破旧被单改制。护士邢世宝一件工作服补钉有27处，下面还接了一大块。而医生用的铅笔用短了，手指捏不住，他们就装上一个笔套，一直用到实在不能用为止。

送肥下乡

9.**28** 1960 年 9 月 28 日，卢湾五里桥街道居民送肥下乡。上海市区居民迎来新任务——送肥下乡。这被提高到了"支援秋收"的高度，"走在路上，往往会碰到这样动人的景象：成群结队的人，推着粪车，排成一条长龙，浩浩荡荡，为粮送肥"。上海各区领导也亲推粪车，群众们说："区委书记和区长都亲自动手了，我们一定要多积些，再多积些。"根据是年 9 月 15 日到 10 月 14 日的不完全统计，市区送往郊区的肥料达 873 万担，除了给 40 万亩蔬菜田作追肥之外，还供 15.4 万多亩三麦、油菜田作基肥之用。

支援"三秋"

10.12

1960 年 10 月 12 日,第 60 中学学生开赴农业第一线支援"三秋"。1960 年秋天,上海掀起一个规模空前的城市支援农村"三秋"的热潮。30 多万"三秋"援军奔赴一线,其中有 7 万学生。为对学生加强大办农业的形象化教育,一些学校在行前还组织学生观看《老兵新传》、《我们村里的年轻人》、《粮食》等电影。"三秋"之中,学生们动力十足,有的同学夜不能寐,干脆起身磨镰刀。"三秋"归来,许多同学改变了过去"希望将来工作少、收入多,养得白白胖胖"等错误思想。

登山英雄

10.13

1960年10月13日，征服世界第一高峰——珠穆朗玛峰的中国登山队部分队员抵达上海，受到热烈欢迎。当年5月，中国登山运动员沿珠穆朗玛峰北坡，登上了海拔8844.43米的顶峰，从而成为全国人民心中的楷模。反映这次攀登历程的纪录片《征服世界最高峰》自9月底在上海放映以来，短短半个月就已有32万观众观看。"人人做登山尖兵，个个为同伴搭桥"的豪言壮语，在许多工人中间流传开来，因为"英雄们攀登的实际上是共产主义之峰"。

多种经营

10.13 1960 年 10 月 13 日，大团供销社一面收购副食品，一面进行宣传。从当年年中开始，"多种经营"的提法逐渐见诸报端，发展至当年 10 月份，中共中央、国务院也提出农业生产以粮为纲和全面发展多种经营的方针。上海农村在注重粮食生产同时，也开始着意安排诸如采购野生植物、编织手工艺品、烧窑打坯、养兔、短途运输等副业生产。有的生产队组织打猎队，猎取黄狼、野猫、野鸡等禽兽，而有些甚至将一些如采集野生药材等花劳力不多的零星副业交由社员自己经营。

素菜荤烧

11.**13**

1960 年 11 月 13 日，国棉十厂食堂工作人员在厂长带领下，研究素菜荤烧、一菜多烧，改善职工伙食，将冷门菜烧成热门菜。在当年副食品供应紧张之时，搞好食堂工作是鼓舞干劲、稳定生产的重要手段。为增加食堂饭菜花色，高教系统研究出了 420 种素食菜品。里弄食堂也大搞"一菜多烧，素菜荤烧"，还将每天剩下的菜皮、冬瓜皮，取嫩的拿来做腌菜，或者切成丝拌辣椒炒，给大家当粥菜。有工人赞道："素菜荤烧味道好，一菜多烧花样巧，工人吃得眯眯笑，促进生产立功劳。"

崇明围垦

11.15

1960 年 11 月 15 日，运输队正把淡水运到崇明围垦第一线。1960 年 11 月，上海"喝令江海献地十万亩"，市区 3 万干部、工人、店员、学生和居民组成大军，围垦崇明县北部和西北部的新安沙、合隆沙、百万沙等三片约 10 余万亩芦滩，以期建设上海的副食品基地。奋斗之初，淡水难得，许多工地用芦滩海水煮粥饮用。海水富含硫酸镁，是泻药成分。为坚持下去，一线大军想出烧辣椒开水以辣解海水苦味、烧山芋萝卜水以甜解咸味等等办法，但最终还是觉得组织人员运些淡水来的办法管用。

俞振飞带教

12.**29**

1960 年 12 月 29 日，上海戏曲学校校长俞振飞教导学生费振年台步动作。俞振飞在评价费振年时说："他曾跟我学过《玉堂春》、《十三妹》、《贩马记》等戏，优点是肯勤修苦练。"当时，俞振飞除了偶尔上台表演，还将精力放在培养青年戏剧演员身上。他经常拿自己在旧社会的经历，来教育青年演员，"青年同行们可以看到，要吃我们这行饭在过去该有多难"，"与我们这一辈比起来，那末今天的青年一代特别是业余演员（也就是过去所谓的'票友'）真是太幸福了"。

107

1961

走 出 困 难 期

1962

1963

"八字方针"带来的变化

1961 年 1 月 1 日，《解放日报》发表题为《在三面红旗指引下奋勇前进》的元旦社论。开篇第一段就是：六十年代的第一年已经过去了，上海人民正同全国人民一道，鼓起更大的革命干劲，在三年持续跃进的基础上，满怀信心地跨进了一九六一年，在这新的一年中争取实现持续跃进。

"过去的一年，是持续跃进第三年，也是全国人民在党领导下同严重自然灾害进行斗争的一年"。同日，《解放日报》转载的《人民日报》社论坦言：1960 年，我国农业遭特大自然灾害，16 亿多亩耕地，1959 年 6 亿亩受灾。1960 年又有 9 亿亩受灾。为之，社论号召：全国城乡都要有计划地合理地使用粮食，要尽可能地多生产蔬菜和其他副食品。

这年的 1 月中旬，党的八届九中全会在京召开。全会指出，由于在 1959 年的严重自然灾害之后，1960 年又遭百年未有的严重自然灾害。1961 年全国必须集中力量加强农业战线，贯彻执行国民经济以农业为基础，全党全民大办农业、大办粮食。在这届的全会上，确立了当前和今后恢复与发展国民经济的"调整、巩固、充实、提高"八字方针。即尽可能提高农业和轻工业的发展速度，适当控制重工业，特别是钢铁工业的发展速度，同时缩小基本建设的规模，使国家建设和人民生活得到统筹兼顾全面安排。全会还要求，由于农业歉收后轻工业原料不足而形成的市场供应的暂时短缺，是一个急需解决的重要问题，各有关部门要迅速采取措施，帮助轻工业、城乡手工业、家庭副业和郊区农业的发展，增加各种日用品和副食品的生产，同时改进商业工作，活跃农村初级市场，以便逐步改善供应状况。

根据国家计划，在上一年支持全国各地农业生产和工业建设的基础上，作为全国的工业基地和工业母机，上海这一年的任务加重了，需更积极更有效地支援全国农业生产。支援的产品从农业机械、化肥设备、排灌设备等，至农药、化肥生产资料，以及各地需要的轻工日用必需品等。

进入2月，上海部署贯彻八届九中全会提出的"调整、巩固、充实、提高"八字方针，确定本市实行"缩短重工业战线，压缩基本建设规模，减少职工和城镇人口，加强轻工业战线，积极支援农业生产，保障市场稳定，并在商业、文教等方面，相应地进行调整"的方针。要求工农商学兵一致努力，为大办农业、大办粮食作出更大贡献；而郊区农村，应进一步开展大办农业大办粮食的群众运动，争取农业丰收，并要展开多种经营、增加副食品生产，鼓励社员养猪、经营好自留地以及小规模的家庭副业。

和全国一样，这时的上海，也经历着三年自然灾害期的物质匮乏，从棉纱等生产资料到市民的粮油、肉类副食品供应，几乎所有都短缺。这年的年初，上海开始实行对市场零售糖果、糕点、饼干、酒和指定饭店的菜肴，实行高价敞开供应办法，售价为居民凭票供应价的三倍以上。

这一年的春节，是2月15日。物品匮乏，数百万市民，年怎么过？春节前的五天，家住安远路62弄居民王玉英说："在旧社会，像我这样的穷人，什么也买不起。现在没有几天，商店同志就把肉啊、鱼啊、鸡蛋、粉丝、糖年糕送来了。这都是靠共产党毛主席的福啊。"

其实，从这一年的1月17日至2月12日小年夜的前一天，一支由商业职工、街道干部、居委会骨干、学生等组成的三万年货配送的人员队伍，下到各里弄、居民点，热情为居民送年货。翻阅当时的报章，2月12日《解放日报》有文记了一笔：说"到目前为止，全市90%以上居民，都满意地买到了年货"。当年货送

来的时候，丽园路 842 弄的居民陈小宝感言："去年许多地方遭受大的自然灾害，年货会少一些，谁知道商店同志就把大包小包送来了。想起旧社会，饿不死已是'额角头高'，年三十买几斤六谷粉、最多也只买两块豆腐斤把小鱼过年"。感动的陈小宝们，表示要多多储蓄，支援国家建设。

惠农的政策开始实施。年后的 3 月初春，按八届九中全会精神，市郊各县人民公社生产队开始实行"四固定"（即土地、劳力、耕畜、农具固定到队到组）和"三包一奖"（包产量、包农本、包工分、超产奖励）。社员农民的生产积极性起来了，从当月的《解放日报》版面上，不时就有农村喜人的消息，如积肥、施肥、养猪、副业鱼塘，以及社员干部不失农时、共商增产大计。至 5 月底，虽然连日阴雨，但整个市郊农村，还是夺得了"三夏"油菜等农作物的大丰收。之后不久，市委召开农村三级干部会议，学习传达贯彻"农业六十条"以及中央关于坚决纠正平调错误、彻底退赔的规定，重新分配给社员自留地，并恢复集市贸易。

6 月，上海开始大规模精简职工。至年底共精简了 15.8 万人。绝大部分被精简职工回原籍参加农业生产，为大办农业、大办粮食贡献自己的那份力量，透过解放日报存留的摄影底片，我们仍然能够清晰看见，他们昔日在家乡对新生活开始的憧憬，以及在副业生产或田地里劳作之后冀盼收获的身影……

而此刻，在他们离去的单位，上海的工厂，都把支援农业列为自己的首要任务。为了贯彻执行党中央大办农业、大办粮食的方针，上海市机电工业局除了发展原有专业工厂的生产外，还增加了 7 家工厂。有些工厂在访问农村的同时，把技术送下乡，帮助农村安装和检修设备、开办训练班、向农民传授操作技术。如江宁电机厂，为了提高农机设备的质量，多次访问各地农村，不断改进排灌电泵。

上海农业机具厂制造的拖拉机圆片耙，原本不耐磨、份量太轻，听取拖拉机手提出的意见后，马上改进。

这一年，根据国家计划要求，仅"上海机械、电机行业的职工，就为各地农村制造农业机械和排灌设备 217600 多台、农业用水泵 6290 多台、农业用动力机械 1600 多台，以及总值为一亿五千二百多万元的拖拉机和内燃机配件。供应各地全部水泵的总能力，可供 950 万亩土地排水和灌溉"。而"为各地工业生产和人民的消费服务，仅第三季度，供应全国胶鞋、电池、闹钟台钟等，就有 100 多种日用品，均超额完成了下达的任务"。

这一年，8 月，本市郊县各人民公社大部分农村集体食堂停办。

"十一"前夕，上海市委发文贯彻中央关于右派摘帽的指示精神。全市 9029 名"右派分子"始得陆续摘帽，至 1964 年 4 月，摘帽者达 7700 余。而早在上年的 5 月，全国在知识分子和民主党派中间进行了被称为和风细雨、自由争论的"神仙会"活动。在国家三年自然灾害困难期间，给予知识分子相对宽松的政策，以推动学术界"百家争鸣、百花齐放"。

在这一年，上海社联所属各学会，共举行了 150 次学术座谈会和学术讨论会。讨论的内容涉及面广。有社会主义建设实践中的一些理论问题，如社会主义基本经济规律，社会主义制度下的级差地租以及统计和调查研究的关系等问题；以及中国古代、近代史中若干问题、历史人物的评价等。据称：这一年，上海市的知识界、工商界和民主党派人士，广泛采用"神仙会"的方式，进行自我教育和自我改造。全市约有 15 万人参加了各种大大小小的"神仙会"。

"百家争鸣、百花齐放"，带来了上海电影事业的风生水起，勃勃生机。在这一年，

《马兰花》、《红色娘子军》、《51 号兵站》、《小刀会》、《关汉卿》、《孙悟空三打白骨精》等 10 部上海摄制的故事片和戏曲片，先后在全国放映；

另有《枯木逢春》、《春催桃李》、《英雄小八路》、《红日》、《燎原》（上集）和我国第一部彩色宽银幕立体电影故事片《魔术师的奇遇》以及美术片《大闹天宫》等，年底已完成拍摄或正在片场摄制。

岁末，自然灾害进入尾声。"调整、巩固、充实、提高"的方针显现成效。来自《人民日报》的消息："一九六一年我国人民所取得的最重要的成就，就是战胜了连续第三年的严重自然灾害，在粮食方面得到了较 1960 年为好的收成"。

而在《解放日报》岁末的版面上，即将过去的 1961，上海承担的支援全国农业、煤炭工业、轻工业等部门的 40 多项重要任务，都提前完成了；许多文章以点带面，《嘉定棉花丰收》、《崇明粮食丰收》……处处洋溢着的喜气，标志着三年自然灾害的磨难，即将过去，而经济好转的曙光，已将来临。

"新年老公公"

1.1

1961 年元旦晚上，1500 多名少年儿童在少年宫举行庆祝元旦联欢晚会。在一阵鞭炮锣鼓声中，身材高大、满面红光的"新年老公公"来到了少年厅。老公公的降临受到了儿童们的热烈欢迎。老公公告诉大家：我走遍了全国各地，看到和听到的喜事说也说不完。老公公热情地歌颂我国在 1960 年取得的成就，歌颂三面红旗的光辉胜利，歌颂党和毛主席。

革命歌曲

1.**10**   1961 年 1 月 10 日，利华造纸厂职工在业余时间练唱革命歌曲。为贯彻"一手抓生产、一手抓生活"的方针，同时也为了进一步让革命歌曲在群众中广泛地传唱起来，上海连续推出革命歌曲曲目，各工人文化宫、文化馆和业余艺术学校还联合举办革命歌曲传授站，培养歌咏骨干，再由这些骨干回本单位开展教唱活动，举行各种歌咏活动。一个歌队指挥说："唱歌不仅能活跃文化生活，更重要的是学会一首革命歌曲就等于上一次政治课。"

惠南镇集市贸易

　　1961 年 1 月 17 日，《解放日报》在第二版显著位置，用图文的形式，介绍了上海南汇县惠南镇的集市贸易。

　　文章说：每天清晨，惠南镇周围的惠南公社 15 个生产队的社员们，和邻近的新场、大团、三灶等公社的社员，趁着上午出工前的空闲时间到镇上来赶集。他们带着个人生产、自食有余的各种蔬菜，完成国家交售计划以后多余的家禽、家兔，以及他们利用业余空闲时间捕捞的水产和编织的竹器、草织品等到集市上来交易。

　　在镇中心的十字街头和菜市场旁边的空地上，是集市交易的主要场所。在向阳的街沿上，排列着待售的种兔、苗兔和肉兔，以及竹篮、草窝、蒲鞋、扫帚等各种手工业品。靠近菜市场的都是一担担、一篮篮的各种当令的新鲜蔬菜。在箩筐里跳动的是鲜活的鲫鱼、肥壮的活鸡。

　　每个摊子前围着问价、买货的人群。集市附近的日用百货、食品杂货商店、修理铺子和寄售商店也忙着为赶集的社员服务。南汇饭店的服务员们特地为赶集的社员增加了早点供应，各种价廉物美的点心深受社员们喜爱。

　　半个月里，各种商品的成交总额达 7800 余元。先后参加集市交易的有 13400 余人次，平均每天就有 800 余人次，每逢假日，参加集市的人数更比平日增加一倍左右。

　　文章总结道：开市以来，市场上交易的价格基本平稳，做到了卖买双方满意。不少蔬菜的价格接近国家零售牌价，有些蔬菜起初货少时，价格高于牌价，以后上市量增加，价格便回落到接近国营牌价。家禽、鲜鱼等售价高于国家零售牌价；芦花扫帚、草制饭窝等手工业品的价格还略低于国家零售牌价。

　　惠南镇的集市贸易是在镇委和公社党委领导下，有领导有计划地开展起来的。党委首先对生产队干部、社员和集镇居民进行思想教育，做经济政策和集市规则的宣传，动员和组织大家积极参加；鼓励大家积极生产，开展多种经营。市场管理委员会还根据国

1961 年 1 月 7 日，南汇县惠南镇集市贸易一角。

家有关政策，结合当地当时上市的货源情况，具体指导交易，组织卖买双方公平议价，帮助合理分配货源。

为了方便各个生产队和社员上市交易，市场管理委员会在集市旁边建立了集市贸易服务所，开展"三借"（借凳、借秤、借用具）"六代"（代秤、代算、代开发票、代兑小钞票、代保管、代卖买）"二供应"（供应茶水和早点）的服务。惠南镇的集市贸易恢复以后，半个月中上市蔬菜 4 万多斤，占这个镇原来上市量的 26%，不仅在数量上基本满足了消费者的需要，而且还增加了荠菜、菠菜、塔菜、咸白菜、香萝卜干等花色菜。人民生产队三小队社员陈秀莲饲养了五只鸡，她先把三只鸡卖给国家，并留下一只老母鸡下蛋孵化，才把多余的一只鸡拿到集市上出售。整个惠南公社超额完成了去年下半年度的家禽交售计划，其中 12 月份还超额一倍以上完成了家禽收购任务。集市贸易的恢复，使有些社员的收入也增加了。每户的收入约在 10 元左右，他们大都买回了袜子等生活用品。

这一年，国家坦言，由于接连两年的严重自然灾害，给人民生活带来了不少的困难。正是在这种情况下，中央要求，要在进一步展开大办农业、大办粮食的群众运动中，展开多种经营、增加副食品生产，并鼓励社员经营好少量的自留地和小规模家庭副业，以更人限度调动社员群众枳极性。惠南镇集市贸易试点，算是成功经验。因此，在 6 月下旬至 7 月下旬上海召开农村三级干部会议，传达贯彻中央农业六十条精神，并正式在全郊区乡镇恢复集市贸易。

胡荣华

1.22

1961 年 1 月 22 日，在上海市体育宫，北京市优秀棋手董齐亮与 1960 年全国象棋冠军、上海队的胡荣华进行了一场精彩的友谊赛。胡荣华获全国冠军时15 岁，被视为"风格泼辣、不落俗套、富有想像力"的象棋神童，但开始也有"举棋不定，走了一子，又要撤回"的少年马虎毛病。为培养新人，上海嘱托数位老棋手严格带教胡荣华，并着意增加胡荣华对局名家的机会，胡荣华"在短短的一年多时间内遇到的名将，大大超过了老棋手过去在十年内所遇到的"。

吴运铎

2.**10**

1961 年 2 月 10 日，吴运铎来到少年宫，和孩子们见面欢谈。在少年厅里，吴运铎向 1400 多个少年儿童讲述了他在抗日战争的艰苦年代里建立兵工厂制造大炮狠狠打击敌人的故事。当时，在上海休养的吴运铎为少儿杂志连续写了一些文章，很受小读者欢迎。吴运铎也成为上海少年儿童的榜样。曾有报道，一群孩子要做游戏却无毽子，于是说："没有毽子，不要紧，吴运铎叔叔不是白手造起兵工厂来吗！我们可以自己造毽子厂。"

好八连

2.**17**
1961 年 2 月 17 日，好八连五好班同志在春节期间到火车站扶老携幼。在 1963 年被授予"南京路上好八连"光荣称号前数年，"好八连"的称呼在上海已经是家喻户晓，人们为好八连战士们那种克勤克俭、爱护公物、忠于职守和艰苦奋斗的精神深深感动。学习"好八连"也蔚然成风。当时报载，一名小女孩捡到 1 分钱，交给警察叔叔手里面，因为她想起了好八连战士们的一句话："一分钱是微不足道的，可是如果你留下它，它就能在你的心灵里染上永远抹不掉的污点。"

抗议杀戮

2.**19**

1961年2月19日，国棉二厂工人集会，抗议美、比帝国主义代理人杀害刚果总理卢蒙巴。1960年年底，刚果发生政变，卢蒙巴被捕，并于1961年1月被杀。消息传来，北京"各机关、部队、工矿、企业、学校、人民团体一律下半旗一日志哀"，同时全国各地举行声势浩大的群众集会，"强烈谴责美、比帝国主义及其代理人的滔天罪行"。《解放日报》撰文说，"这是骇人听闻的一次国际绑匪集团的血腥暴行！这是新、老殖民主义者对全世界民族独立运动的一次猖狂进攻"。

硬木火柴

2.**20**

1961年2月20日，华光火柴厂职工正将硬质木料煮软，以便加工制作火柴。当时，"千方百计扩大原料材料来源，克服某些原料材料和燃料不足的暂时困难，成为当前轻工业实现增产的首要环节"，因此提倡"一料多用，因材使用，材尽其用"。过去生产火柴的木材基本是软木，但因材料不足只能选取质地硬的杂木，过去的工艺都不适应。工人们反复试验，在几天时间内找到了办法，就是"将木材先放入池内用水煮三至四小时，木材质地就软"。

出租业务

3.**14**

1961 年 3 月 14 日，公共用布出租商店服务员在整理棉被，迎接主顾。为节约有用物资，上海市第四百货商店和公共用布出租商店等多家商店开设了出租业务。商店为出差旅客提供网袋、旅行袋、帆布箱、手电筒，为音乐爱好者租借各种乐器和留声机，为摄影爱好者出租上海牌、劳动牌照相机，还将面盆、嗽口杯和热水瓶租给短期住院的病人使用。有的工厂举办联欢会，临时缺少茶杯，就向上百四店租用了 100 只。

积肥送肥

3.**23**　1961 年 3 月 23 日，苏州河上运输繁忙，其中许多是在上海内河挖泥积肥的船只。春耕快要开始了，整天和肥料打交道的市区专业积肥队伍，比平常更加繁忙。上海市肥料船红旗高级运输合作社，拥有 1100 多条大小木船，负责运送苏州河沿岸 27 个码头粪肥、杂肥。在支援春耕的热潮中，合作社多装快运，打破了逆水停船、夜间不运的习惯，抢潮头、赶潮尾，仅 1 个多月来，就将 10 多万吨粪肥、泥肥及各种杂肥，送到了田头。

男团夺冠

4.**10**

1961 年 4 月 10 日，上海市民纷纷抢购刊有"中国男子乒乓球队荣获男团冠军"消息的《解放日报》。4 月 9 日，中国男子乒乓球队荣获在北京举行的第二十六届世界乒乓球锦标赛男子团体赛冠军。消息传来，举国沸腾。中国乒乓球运动员收到的第一份贺电是由上海电报局全体职工在团体赛决赛刚结束 5 分钟后发出的。从 9 日夜半到 10 日下午，中国乒乓球队已收到近 200 份贺电。

灭鼠战绩

4.19　　1961 年 4 月 19 日，闸北区中兴路地区卫生人员在展示灭鼠战绩辉煌，鼓舞居民乘胜追击。当年春季，上海掀起了以除害灭病为中心的爱国卫生运动，不少地区的灭鼠活动取得成绩，长宁区 6 个街道地区在一次灭鼠活动中就收集到死鼠 1500 多只。闸北区由于经过调查，掌握了老鼠的活动规律，在一个里弄委员会中一次就灭了 200 多只老鼠。不过，当时报纸也刊登读者来信，提醒"毒鼠药不能随便放"！

制止随地吐痰

5.4　1961 年 5 月 4 日，水产局一位同志随地吐痰，经劝阻后主动抹痰表示改正。上海经过几年除四害、讲卫生运动，卫生面貌大为改观。大部分市民"自觉地遵守公共卫生秩序，养成吐痰入盂、不随地乱丢纸屑、烟蒂的良好卫生习惯。但也有个别人仍然只图自己方便，任意破坏公共卫生"。于是 5 月 4 日，在卢湾区、黄浦区、静安区、闸北区的大街小巷，一些随地吐痰的人当场受到群众的劝阻和批评，其中一些人的姓名和工作单位还被刊上《解放日报》。

静安寺庙会

5.**21**　1961 年 5 月 21 日，一年一度的静安寺庙会盛况空前。这次庙会连续举行 5 天，比 1960 年庙会多办一天，却比 1960 年的 80 万客流增加了 120 万，营业总额达 260 万元，是 1960 年庙会的 3 倍多。5 天里，传统的竹木藤柳器销出了 30 多万件，木拖鞋 4 万多双，葵扇 1.5 万多把。庙会上，除了许多上海老字号设摊供应，近郊一部分农村生产队和社员个人，也前来设摊出售他们自己生产的竹、木、草制品和农副产品。

抢修危房

6.**2** 1961年6月2日，虹口区房地产公司虹镇管理所的工人正在抢修危险房屋。台风雷雨季节将近，各房管所发动居民自报危险房屋和危险点，并腾出力量深入重点地区检查隐患。据不完全统计，自5月份以来，虹口区在一个月时间里先后抢修了危险房屋1700多幢。在此之前，为支援农业生产，虹口区房地产公司的职工还改建了358只公共马桶，新建了92个化粪池，改建后的马桶"每只每天平均可积肥一担"。

油菜堆满大礼堂

1961 年的初夏，5 月底 6 月初，连日阴雨，给上海郊区农村夏收带来很大困难。怎么办？这年 6 月 4 日的《解放日报》第一版，破天荒一条大黑竖题从报头捅至报底：紧急动员起来，把油菜三麦全部拿到手！整个一版，头条是社论：为战胜阴雨保卫夏收果实而紧急动员起来！社论下以集纳的方式，报道郊区各县抢收抢运抢打油菜三麦，并号召郊区干部和社员立即紧急行动，进行麦子、油菜的抢收、抢运、抢脱粒，勤检查，勤翻仓，防止麦子和油菜的发热、霉烂、变质，把丰产果实拿到手。

事实上，6 月 2 日，郊区川沙县委就号召各级党组织立即动员起来，依靠广大群众，战胜阴雨，抢收油菜、麦子，做到丰产丰收；县级机关从人力、物力上支援突击抢收；并告诫各级干部克服畏难情绪和侥幸心理，深入抢收第一线。

"在该县的金桥公社，抢收油菜的任务重，三千多亩油菜绝大部分已割起堆在田头。这个公社的工厂、商店、学校了解到这个情况以后，纷纷主动派人前去支援。社办工厂抽调了八十个劳动力，带了十二块大油布去；公社商业部门和学校除抽调劳动力支援外，并抽出二千多只麻袋和油布、被单支援夏收。各学校还腾出二十多间房屋，供各生产队堆放油菜、麦子。为集中力量，抓紧时机，战胜阴雨，确保丰产丰收，在该县其他乡镇，地里已经割倒还未运回的麦子、油菜，社员就把它架高，不贴地面，并在田头开沟排水；能运回的马上运回。已经运回场地的油菜、麦子，检查是否发热，并盖顶不使漏雨。已经放在室内的就在室内脱粒。高东公社四千多亩大麦两天内已突击脱粒了百分之二十。江镇公社华路大队、金桥公社金东大队把已脱粒的油菜、麦子摊在帘子上晾干，放在食堂锅子里烘干，保证不发热，不霉烂。"

6 月 4 日的报上，为郊区夏收颗粒归仓果实到手，还介绍了郊县农民好的点子好的方法。譬如，在南汇县周浦公社周南大队第一生产队，为了防止油菜荚爆裂，社员们用篷布、被单等把油菜头包好再挑运。有的生产队在脱粒和复打油菜籽的基础上，立即把菜籽扬净，

1961 年 6 月 5 日，刘行公社大礼堂里堆满了油菜。

摊放在空屋里，以防霉变。

"在郊区农民奋斗的同时，市区广大职工、干部和青年学生，也纷纷要求同农民兄弟并肩夺丰收武装。据统计，有关部门组织起三万余人的劳动大军，下乡支援'三夏'。"如杨浦区各工厂500多人，陆续出发宝山葑溪公社。市武装民警总队教导大队，组织了民警250余人，冒雨前往宝山县五角场公社国定路生产大队，协助抢运油菜。同时还腾出了食堂，供生产队堆放油菜和脱粒之用。

在这日的图片上，人们可以看到，宝山县刘行公社毅翔大队的社员们，是如何在田头抢收油菜、以及组织前来支援的学生，把油菜籽送到收购站。而本页图片正是当年记录的一个片断，图片正是宝山县刘行公社毅翔大队朱家宅生产队集中力量，抢打油菜的结果。

6月5日，《解放日报》再次在头版继续围绕"紧急动员起来，把油菜三麦全部拿到手！"进行报道。

在这场与自然灾害的抗争中，汗水和辛劳没有白白付出。6月8日，《解放日报》在头版二条位置刊出喜讯，标题是："百余万劳动大军同阴雨进行了一场严重斗争 郊区抢收油菜麦子获得巨大胜利 广大社员正在再接再厉突击收割脱粒大抓保管工作"。文章称：据不完全统计，郊区120万亩元麦、大麦已全部收割完毕，60万亩小麦已收割了47万亩，而90多万亩油菜籽，已经收割了83万亩。文章末称：目前正乘胜前进，力争把丰收的果实全部拿到手。

讲斗争故事

7.1

1961年7月1日，曾参加过上海工人三次武装起义的杨树浦发电厂老工人姜林根向工友们讲述当年的斗争故事。当年"七一"和"七一"前夕，上海许多工厂、农村人民公社、部队、机关、学校和街道里弄的党的基层组织，分别举行各种座谈会、晚会、革命历史图片展览会等活动，热烈庆祝中国共产党成立四十周年。

纳凉晚会

8.2

1961 年 8 月 2 日，孩子们在乘凉看幻灯。暑假开始了。杨浦区龙江路街道所属几个里委会，利用居民食堂等地方为孩子们安排了 21 处活动场所。其时盛暑逼人，工人们辛勤劳动了一天，到晚上也很需要纳凉消暑，消除疲劳。虹口体育场的工作人员根据工人群众的需要，充分利用场地，组织了三次纳凉晚会，很受工人欢迎。晚会结束后，参与活动的 9 个工厂的干部算了算，"只花了九十六元，平均每张票子四分钱"。

暑天休息室

1961 年 8 月 12 日，车队驾驶员们在上海汽车二厂车队专门安排的休息室里午睡。暑天到来，车队要让驾驶员们睡足歇好，驾车时精力充沛，保证行车安全，所以特别注意安排驾驶员的作息，还精简会议，压缩会议时间，以保证驾驶员有足够的休息和睡眠时间，甚至借给家中闹钟损坏的驾驶员一个闹钟。一次，一个孩童横穿马路时突然滑倒，由于"驾驶员精力充沛，警惕性高，及时刹车，使车子在距离这孩子一尺半的地方停了下来，避免了一次严重的事故"。

追悼梅兰芳

8.14

1961年8月14日,上海文学艺术界人士怀着沉痛的心情举行梅兰芳同志追悼会。梅兰芳于8月8日在北京辞世,享年67岁。在由61人组成的梅兰芳治丧委员会中,周恩来、陈毅名列其中。上海曾是梅兰芳长期居留的地方,是他50多年舞台生活的开端。1913年秋天,他在上海丹桂第一台初次演出《彩楼配》《穆柯寨》。

四老和小球藻

　　1961 年的夏天，7 月 8 日《解放日报》在二版头条位置上，刊登了当时卢湾区淮海中路第四里弄委员会的华茂萱、吴汉清、盛守之和许仁坤四位老人，从 1960 年 4 月以来，坚持因陋就简的原则，从一瓶一斤多的藻种水开始试验，经过不断试验、研究、总结，不但摸索出用土法大量繁殖小球藻的一套经验，而且解决了小球藻过夏过冬问题，可以终年繁殖四季常青。

　　坦率地说，四位老人原来也没有什么科学知识，有关培育小球藻方面的什么酸性、碱性、光合作用，他们都不懂。什么是小球藻？从简单的科普知识介绍上知道：小球藻出现于 20 亿年前，是地球最早生命之一，是一种高效的光合植物，以光合自养生长繁殖，可食用和作饲料。

　　论文化程度，最高的要算华茂萱了，而他也只念过几年私塾。但是他们记着街道党委负责同志的话："土法培养小球藻，全市也刚刚开始，缺少经验，希望你们发挥老年人的长处，在研究中起带头作用。"

　　为什么要搞小球藻？他们立下雄心壮志：要为"大办农业、大办粮食"贡献一份力量。要知道，资料上讲：小球藻是猪的上等精饲料，是一种生长在池塘、沟渠中单细胞低等植物，具有繁殖快，产量高，营养丰富优点，含有丰富蛋白质和脂肪。一斤小球藻浓缩液营养价值，相当两斤米糠或一斤半麸皮、或二斤豆饼。小球藻一昼夜可繁殖 40 倍。一亩小球藻培养池，一年可收 27 至 30 次，产粉一万斤。可喂好几头猪呢。

　　小球藻不是那么容易培育的。天热了，许多培养小球藻的单位都要"歇夏"，据说是小球藻不耐高温，天太热就要变色而死亡；天冷了，有关资料上又写着：小球藻在摄氏十度以下，不仅停止繁殖，而且容易死亡。在平时，只要人们稍为照顾不周，一池碧绿的小球藻也会突然变黄。

　　一天，在他们的工场里，小球藻的颜色有些发黄了。几个老人研究了半天，认为这

1961 年 6 月 20 日，淮四居委会四老在小球藻生产工场研究小球
藻活动规律。

是在培养后期缺乏肥料的缘故。当时，小球藻是一次施肥的。于是，他们就在几个玻璃瓶里做起分期施肥的试验来了。试验的结果证明，分期施肥果然比一次施肥要好得多：小球藻不再发黄，而是碧绿可爱，合乎采收的标准了。老人们欣喜地立即把这一研究成果推广到缸里，结果普遍提高了小球藻的产量。

甜头尝到了，从事研究工作的信心就更足了，老人们弄了一些玻璃瓶和缸，专供试验研究之用；并且规定每星期举行两三次技术研究会议，交流情况，分析问题，解决问题。譬如，夏天刚到，缸里的小球藻因水温变化而滞夏甚至有些发臭，这时就需要及时搅拌翻动来散热。一天翻动几次为好？掐着表试。他们得出的最合适的搅拌次数，和有关科研单位的搅拌"数据"不一样，但这并不是后者的"数据"有错，而是条件不同：科研单位是用洋法生产的，小球藻水中经常通入二氧化碳气体，促使藻水翻动，也就起了搅拌的作用，因而每天搅拌两次就行。而"淮四"工场是土法生产，池中不通二氧化碳，因而在夏天经常搅拌是十分需要的，它不但可以散发热气，而且还能使小球藻平均地接触空气和日光，这对小球藻的加速繁殖也大有好处。

"勤搅拌"只是"淮四"工场摸索到的小球藻安度夏季的综合性技术措施之一。四位老人，踏踏实实通过反复试验、不断总结，终于摸索出使小球藻能够无虞寒暑四季常青的一套经验，对土法大量繁殖小球藻作出了贡献，也实现了他们为"大办农业、大办粮食"贡献一份力量的诺言。时《解放日报》还发短评，号召要"踏踏实实搞研究"，称"群众性的技术革新和研究试验工作，有无限生命力，应当更加踏踏实实地发展下去！"

捕捞刀鱼

8.**20**

1961 年 8 月 20 日，崇明岛裕安公社海滩捕捞站的渔民在退潮后推网捕捞刀鱼等海鲜。这个站连一条小渔船也没有。但在渔汛到来时，每天能捕捞几十担海鲜。这里的社员和干部说，今年搞捕捞，气候条件比 1960 年差得多，小汛（捕捞的有利时机）常常刮五级以上的大风，影响海滩捕捞。但全站一至八月份已捕捞了 1100 多担海鲜，产值达到 3.3 万多元，每个劳动力平均比去年同期多生产 37 元，成本也比去年低。生产队的干部和社员都说：这是认真执行"三包一奖"制度，大家力争超包产的结果。

海灯法师

9.9

1961年9月9日，海灯法师在表演金刚左锤。当年，被誉为"武术名家"的海灯法师与诸多上海武术名家一起参加了在黄浦区工人体育场举行的武术表演会。海灯法师的功夫师承少林派，以"童子功"、"梅花桩"、"二指禅"等为拿手。其过往身世众说纷纭，于上世纪五六十年代渐露头角，其后20年销声匿迹，传说在四川"隐居"。1982年电影《少林寺》风靡一时，社会上兴起"武术热"，海灯重出江湖，广收门徒。

肢体再接

9.**11**　1961 年 9 月 11 日，上海军医大学屠开元教授在逗弄一只黑狗。这条黑狗后腿截断后，医疗人员先利用特制的人工血液循环装置，保持这条后腿内血液所必需的养分。一个多小时后，医生们进行断肢再接，并"一针一针精巧地缝合了"那些微细的神经。一年半后，用 X 光检查，这条黑狗"骨头长得很好；用血管造影检查动静脉，情况也正常；病理切片后证明，血管内膜也生长得很好"。

鲁迅铜像

9.**13**　1961 年 9 月 13 日，艺术家们正在上海机床厂为鲁迅铜像做最后加工。1961 年是鲁迅先生诞生 80 周年和逝世 25 周年。为此，上海虹口公园内的鲁迅纪念馆进行全面整修。整修的主要工程，是将墓前原有的白色小泥座像，改为铜像。上海各有关方面从 1958 年下半年就开始研究修改鲁迅纪念馆陈列方案，一共为此召开了 60 多次会议，其中有关专家会议就开了 10 多次，陈列方案前后修改了 7 次之多。

工人学员

9.**19** 1961 年 9 月 19 日，先进工人王林鹤正在回答大学老师的问题。当年 9 月 18 日，进入上海科学技术大学深造的近 330 名本市优秀工人开始正式上课。这些被录取的学生，"在当时具有一定的生产技术经验和较高的觉悟，其中共产党员和共青团员占 90％ 以上，有不少是先进生产者、技术革新闯将和各工厂企业生产技术上的骨干"，之前"在业余学校中刻苦钻研，大都已具备高中或高中以上的文化程度"，"入学后，已有一百五十多人补完了高中课程"。

公共交通

10.7 图为 1961 年 10 月 7 日拍摄的徐家汇四通八达的公共交通。当年，上海市公共交通布局已趋合理，市内的徐家汇、曹家渡、静安寺、北站、外滩、提篮桥、老西门等交通集散点进一步改善，形成了一个四通八达的交通网。另据统计，当年全市交通路线的总长度已达 1410 公里，远超解放初期的 352 公里，而"如果把一天之间各条路线上的公共车辆的行驶里程加起来，总长度达 396000 公里，超过了地球和月亮之间的平均距离"。

三五牌座钟

10.24

1961 年 10 月 24 日，嘉定县长征公社红旗生产大队社员家里，新添了一只三五牌时钟。三五牌时钟诞生于 1943 年的上海市中国钟厂，是上海优质商品的标志，但之前钟内的发条一直依赖进口。1961 年，发条被"一资本主义国家刁难，停止向我国出口了"，于是上海钟表行业组织了两家小厂，决心自己研制发条，并于当年设计出全国钟厂统一采用的机心发条，"只要上一次发条，就能够连续走三个五天"。

幸福牌摩托车

11.16

1961年11月16日,上海自行车二厂成批生产幸福牌摩托车。之前的11月7日,一批摩托车运动员驾驶着幸福牌摩托车,从上海驶杭州走南京,最后从南京回到上海,3天行程2000里,证明我国自行制造的供比赛用的摩托车,性能优良,质量合格。当时报道,"摩托车的机械原理和汽车、拖拉机、坦克等有许多相通的地方,掌握了驾驶摩托车的基础知识后,学习开拖拉机等就很方便了","摩托运动员是拖拉机手和坦克手最理想的后备力量"。

上海牌照相机

12.**9**　　1961 年 12 月 9 日，上海照相机厂正在成批生产新型照相机。上海照相机厂在 1958 年初制造出第一架照相机时，全厂只有 6 个人、一部三尺半车床和一把老虎钳。这 6 个人来自不同的工作岗位：有的是眼镜商店的光学技工，有的是照相器材商店的修理员，有的是业余摄影爱好者。他们在科学研究部门和有关工业部门的协作支持下，在一间小小的阁楼上用手工造出了第一架照相机，为我国工业填补了一项缺门。

和平 41 号

12.**22**

1961 年 12 月 22 日，"和平 41 号"船员们在上海码头合影留念。11 月 18 日，
上海海运局"和平 41 号"轮接到救援指令，紧急行驶 200 多海里，在暴风骤
雨的恶劣环境中搜寻 4 昼夜，冒着几近倾覆的危险，终于成功抢救出在渤海海
面遇险的 15 名拖轮船员。"和平 41 号"轮全体船员的英勇事迹在全国引起了
巨大反响。事后，"和平 41 号"轮全体船员说："我们做了新中国海员应该做
到的一桩事情，尽了工人阶级应尽的一分责任。"

1962

1963

走 出 困 难 期

"高价商品"的兴盛与淡出

　　1962 年春夏之交，各大中小城市的电影院或工人俱乐部里，几乎同时挂上了 22 位电影演员的大幅照片。

　　据说这是新中国成立后的首次"造星运动"，俗称"22 大明星"。《人民日报》曾溯源当年"22 大明星"诞生经过，提到北京市美术公司印制了这"22 大明星"照片 753947 张，在全国各地销售，短短 6 个月，就售出 714638 张。

　　也是这一年春天，新中国第一个全国性群众电影评奖活动——"百花奖"公开评奖。《大众电影》杂志在 3 个月内共收到全国各地影迷的选票 117939 张，评选出了 14 个最佳奖项。

　　在上海，5 月，第三届"上海之春"音乐会正在举行，规模比往年两届都更为盛大。一共 17 场音乐会，比第一、二两届增加将近一倍。上海人吴兴意印象中，1962 年听的音乐会最多，单单上海音乐学院的音乐会就听了 4 趟。

　　1962 年，在物质困难的隆冬之后，精神生活的春天似乎到来了。周恩来总理在前一年"新侨会议"（中宣部全国文艺工作者座谈会和文化部全国电影故事片创作会议）上的长篇讲话——对文艺界的"反右"扩大化和"大跃进"进行的反思，在这一年得到了落实。

　　而事实上，反思并不止于文艺界。

　　1962 年 1 月 11 日召开的"七千人大会"，被认为是"新中国成立以来党的历史上一次极具意义的大会"，中央和省、地、县党委及部分大企业、军队的主要负责人共七千多人与会。刘少奇代表中央提出书面报告，系统总结新中国成立 12 年特别是 1958 年以来经济建设的基本经验和教训，指出工作中发生的主要缺点和错误，认为主要原因在于经济建设的经验不够，背离了实事求是与群众路线的优良传统。

"调整、巩固、充实、提高"，继上一年后，继续成为 1962 年的关键词。

翻看这一年的《解放日报》，以《利用碎皮制造童鞋》、《用料算得精　增产小商品》、《鞋料剪裁合理　原料消耗降低》等为题的文章不胜枚举。在"调整、充实、巩固、提高"的方针之下，上海人民的节约智慧得到充分展现。

原料供应不足，有关行业就从加强技术管理着手，努力降低原料消耗定额，使有限的原材料发挥更大的作用。春节前，上海风镜厂接到赶制一批镜面玻璃的任务，工人张福海认为可利用建筑单位用剩的零碎玻璃来制造，不必再向国家领取材料。他们利用这批废玻璃料造出了五六种规格的镜面玻璃，还把加工过程中剩下的一些玻璃碎片，制成一批质量合格的验血用的玻璃片。

节约并不意味着放弃质量。1962 到 1964 年间，上海轻工系统的食品、罐头、乒乓球、铅笔、手表等行业的标准相继制订。尽管只是各行业标准的雏形，但上海轻工系统制订标准工作还是前进了一大步，开始走上规范化生产的道路。上海货高质量的名声正始于此。

6 月 22 日，国内第一台自主研发的 1.2 万吨锻造水压机在上海试制成功。这个让上海江南造船厂、上海重型机器厂等单位花费 4 年时间设计、制造的水压机，体现了一个国家重型机器制造业的发展水平。值得注意的是，江南造船厂在 3 年后的《人民日报》和《解放日报》上敢于自我挑刺——"这台大机器是不是尽善尽美呢？不！还有毛病。如应力分布不均，应力集中过大。这是在设计中由于过分强调降低厂房高度，不适当地降低机器高度的片面性造成的。而在研究和试验的时候也不够认真"。

　　这一年，1962 年 5 月的中央工作会议，中央正式布置了该年的精简任务——再精简职工 1054 万—1070 万人、减少城镇人口 2000 万人。

　　事实上，自上一年精简 15.8 万职工，本市 1962 年愿意退职回乡的职工已非常有限。干部们普遍反映：精简工作更难做了，自己是"说不出口，下不了手"。上钢一厂在确定退职职工名单时索性采用了"串联"的办法，动员来自同一村庄、同一原单位的新进职工主动报名、一起回乡。到年底，这一年，上海全市共计精简职工 20.8 万人。

　　为解决供应不足，根据国家统一部署，上海于 1961 年开放农副产品自由市场和恢复供销社自营业务。1962 年，商业部门相应改进购销政策，调整城乡商业体制。市供销合作社先后在市区、郊县开展自营业务，经营三类农副产品和完成派购任务后二类农副产品的批发、代购、代销业务。这一年，上海城乡农贸市场的总成交额为 7392 万元，其中市区约 4000 万元，占市区社会商品零售总额的 1.7%，集市价格稳定，弥补了市场供应的不足。

　　农民的需求也得到关注。为供应夏收分配后农村市场需要，当年 6 月，上海百货采购供应站将大批日用工业品源源调往全国各地。自 6 月初到 7 月 25 日，调出商品达 13500 余吨。对于调拨商品，供应站特地作了调查研究，如适合农村消费水平的小瓶明星花露水，农村照明用的大二号桅灯等。有的商品如元宝胶鞋等还根据农民意见建议工厂改进了造型结构，放阔鞋子的头部，以适合农民脚型。

　　货币回笼进一步加快。1962 年高价饭馆的数量和高价供应的商品范围进一步扩大。海参、鱼翅、熊掌、火腿、冬菇、银耳等高级副食品除了保证出口和招待外宾的需要以外，全部用于高价饭馆。上海牌 17 钻半钢防水大三针男表零售价格由 60 元上调为 180 元，上海产钻石牌长三针怀表零售价格由 23 元上调为 69 元。随着工农业生产的恢复和发展，财政金融形势大大好转。到 1963 年，敞开供应的商品越来越多，价格逐步下降，高价商品逐渐结束使命。这个过程或许也可视作这个阶段，"八字方针"实施的一个具象体现。

这一年，上海还遭受了一次 10 级台风的袭击，形成了 1933 年以来吴淞口最高水位，黄浦江堤和海塘冲开 46 处缺口。市区一半受淹，1 万多户居民家中进水，刮倒房屋 1500 多间。人们在台风暴雨中互相帮助，齐心协力。

当年 10 月，时任美国总统肯尼迪签署法令，正式宣布对古巴实施经济、金融封锁和贸易禁运。上海人民纷纷集会声援，参与示威游行者超过了 200 万人次。

在总结这一年贯彻"调整、巩固、充实、提高"八字方针，《解放日报》在 1963 年 1 月 1 日发表的元旦社论中指出：在过去的 1962 年，上海的工业内部各部门之间关系更加协调了。1958 年以来发展起来的生产能力，正在发挥愈来愈大的作用。在过去的一年中，上海生产的农业生产资料比过去更多了，为农村提供了大量的化肥、农药、药械、机电排灌设备和农业机械配件。制成了成套的年产十万吨硫酸氮的化肥设备，成批生产了三轮卡车。原料工业得到了加强，化学工业和人造纤维工业有了迅即的发展。而优质钢和合金钢，在全市钢产量中所占的比重，有了很大的提高。许多企业的经营管理有了改进，产品质量有了提高，品种有所增加。而成本，则有所降低。

1962

李富荣

1.19

1962 年 1 月 19 日，乒乓健将李富荣在杀球。李富荣 1958 年入选中国乒乓球队，从 1961 年起，五次参加世乒赛，并三次蝉联男子单打亚军。这位长相英俊、打到关键处总爱把脚下地板跺得震天响的中国男人拥有不少世界球迷。美国乒乓球队前队长霍华德回忆说，"我知道李先生的球打得又快又狠，所以他来辅导我们技术时，我就央求他教我打那种快球。当时只见他面带微笑，将球抛起，挥拍一击——球速太快了，我压根就没看见球！"

上海最冷的一角

1.**20**　1962 年 1 月 20 日，上海第二商业局冷冻厂冷冻仓库一角。位于江浦路的上海市第二商业局冷冻厂是当时上海规模最大的冷藏库，1960 年建成。这座在大跃进中建设起来的冷冻厂，其容量相当于解放前全国冷冻厂容量的总和。解放日报记者拍摄这张图时，老工人们正在介绍食品的堆放学问：如堆放猪羊肉类时，要注意使每一爿肉的上下左右都留有空隙，好通冷气，才能久藏不变质。

上海乡音

2.5

1962年2月5日，极具江南气息的丝竹声在春节前后传遍村前宅后。江南丝竹是中国汉族传统器乐"丝竹乐"的一种，流行于苏南和浙江；辛亥革命以后，在上海郊区得到较大发展，成为了传统器乐界的"上海乡音"，在川沙、南汇等地至今流传。而在上海市区，也有一群江南丝竹的爱好者。解放前，就有一批爱好者自行凑合，固定在城隍庙得意楼茶园，品茗漫话，即兴演奏。解放后，这一批老人仍在城隍庙湖心亭茶楼活动，人员中还新添了一部分年轻人。

小队之家

2.9

1962 年 2 月 9 日，正是年初五的下午，解放日报摄影记者俞创硕在人民路梧桐路路口碰到了一群天真活泼的"红领巾"，说说笑笑，满面春风。询问之后，他得知这是梧桐路第一小学五年级二班的一个校外小组，正在到自己的"小队之家"去过假日生活。以少先队小队为单位成立的"小队之家"订有计划和公约，既有学习，又有活动，还开展批评与自我批评，除组织各种集体活动，还"要求每个学生自己管理自己、不牵累家长，让他们安心生产"。

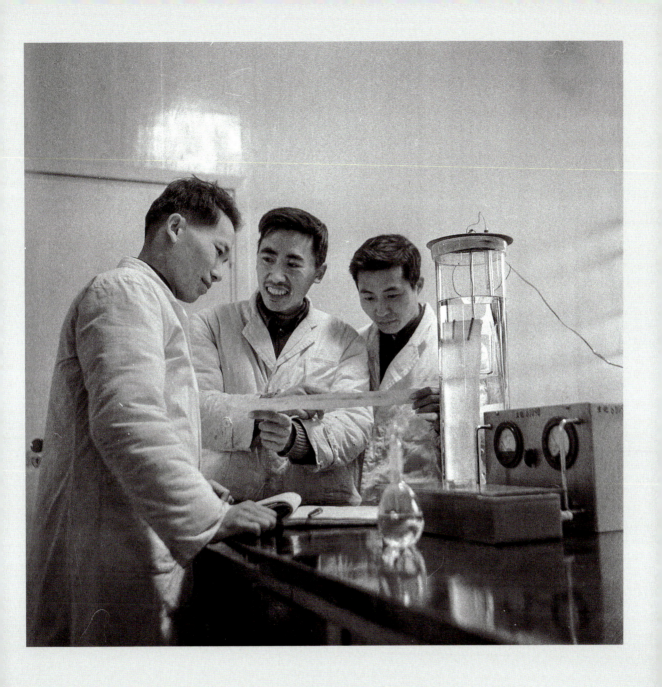

"诺奖级"工作

2.**29**　1962 年 2 月 29 日，中国科学院上海分院生物化学研究所杜雨苍（中）等研究人员正在研究合成胰岛素理论。3 年后，1965 年秋，中科院上海生物化学所、有机化学所和北京大学化学系合作，在世界上第一次用人工方法，合成了与天然胰岛素分子化学结构相同、并具有完整生物活性的蛋白质——结晶牛胰岛素。这一原创性的工作，开辟了人工合成蛋白质的时代。

黄鱼面拖的学问

　　解放日报记者马庚伯1962年3月9日拍摄的这张照片里，黄浦区甬江状元楼60多岁的厨师余迎祥正在认真演示面拖黄鱼的做法。

　　乍一看，以为照片的焦点是美食。

　　而实际上，当时的报道却是以"善翻花样用料省"为主题——余迎祥"在店里不仅以一菜多烧、善翻花样出名，并且以点滴不遗、重视节约原料物料为职工称道"。

　　记者列举了不少细节。"鱼是店里每天用量较大的荤菜原料。余迎祥除了根据宁帮特色和消费者喜爱，按不同品种做成'面拖黄鱼'、'红烧头尾'、'芙蓉鱼片'等名菜以外，还经常注意把粘连在鱼背上和嵌在鱼骨中的鱼肉，仔仔细细刮剔下来，配上作料，做成"菜泥鱼饼"、"蘑菇鱼羹"等菜肴。有时，来的蔬菜比较老，如米苋、花菜，过了一定时候，往往只能选用很小的一段嫩头，其他根茎部分只好切掉。余师傅就想办法来一个剥皮抽心，切成丝或丁，做出色、香、味俱佳的小菜。

　　对原料是这样，对物料、辅料他也很注意节约。面拖黄鱼是甬江状元楼的名菜之一，上门来点这道菜的顾客很多，时间又往往很集中。为了省时省力，店里往往事先把鱼拖好粉、炸好，开市后临时再放在油锅里炸一炸。但回过锅的鱼，色、香、味终究不及现炸的好，而且两次下锅，油的耗费增多，不经济。余迎祥就与管炉子的师傅们共同商量，终于作了改进，做到现点现炸。这样，厨房里是麻烦了一些，但炸出来的面拖黄鱼更香、更脆，质量更好，而每100客菜还可节约食油2斤左右。

　　1962年，中国经济上最困难的时期已经过去，但物资依然匮乏。"省"字成为全国人民生活生产中的一个重要关键词，而上海人的智慧，则更是将这个关键词发挥到了极致。

　　淮海中路益大服装店，这是家著名的"服装整形所"，职工们几年来积累了丰富的修旧翻新经验。他们能把长衫、马褂、大衣、西装、旗袍等15类旧衣，翻改成上千种的各式服装。例如一件6个月婴儿穿的童装，经过"扩领伸边"，可以改成6岁儿童穿的衣服。

1962 年 3 月 9 日，甬江状元楼老厨师余迎祥正在演示制作面拖黄鱼。

一件成人的长衫，不仅能改成一套中山装，还可以再挤出一条小身材的西装短裤来。

石门一路永泰服饰店修补枕套就有十多种方式，枕套能换里、换面、镶边；补洞的办法更是巧妙，在破洞上面贴上一朵"玫瑰花"，旁边镶上两片"绿叶"；或者在背面衬一块布，再在正面织上漂亮的图案，叫人看不出一点破绽来。

淮海中路世界皮鞋商店可叫一双马靴变成两双皮鞋；一只中号的拉链公文包，能改成一双男皮鞋和一双女皮鞋，大号的还能改成两双女鞋和一双男鞋。顾客如需修改，任凭挑选花色，营业员可以当场画样承制。

当时全市商业部门就有修理服务点 5565 个，专职修配人员 12200 多人；里弄修配站有 2500 多个，服务人员 14500 多人。

报纸上，《利用碎皮制造童鞋》、《用料算得精　增产小商品》、《鞋料剪裁合理　原料消耗降低》等文章比比皆是。

直至今日，克勤克俭、精打细算的精神，依然存在于不少老上海人的骨子里。

全民种树

3.**12**　1962 年 3 月 12 日，闸北区绿化办公室根据地段和土质不同分配树种，图为园林工人正在共和新路改种槐柳。同月 26 日，上海召开植树绿化工作会议，"要求各区县趁大好春光抓紧种树"。据当年报载："到 3 月 24 日，全市已种植各种树木 852 万株。其中很多是具有经济价值的苦楝、油桐、洋槐、柳等速生用材林木，不但美化了环境，并且有一定的经济价值；对生产、生活都有好处。"

翻新皮鞋

3.**15** 1962 年 3 月 15 日，几位顾客在世界皮鞋商店春季皮鞋新品橱窗前仔细观摩。据当年报载：淮海中路世界皮鞋商店能提供修旧翻新服务。大皮鞋可以改小；小的光面皮鞋经过加包头、镶边或者后跟接皮，还能放大；尖头皮鞋可以改成方头的、圆头的，女式高跟皮鞋可以改成平跟的；一双马靴可以变成两双皮鞋；一只中号的拉链公文包，能改成一双男皮鞋和一双女皮鞋，大号的还能改成两双女鞋和一双男鞋。

为了祖国，跳伞去

3.15　1962 年 3 月 15 日，向明中学跳伞队队员在做跳伞前的准备活动。1958 年，在上海组织民兵师的时候，向明中学就掀起了学习军事技术的热潮。有同学谈起学习航空本领的事，说："帝国主义胆敢侵略我国领空，我就驾上银鹰消灭它。"当时的校共青团团委委员黄志发提议，沪东有一跳伞塔，可利用课余时间去锻炼。学生们于是都嚷着："为了祖国，跳伞去！"

收音机 "考试"

　　1962年8月，解放日报记者孙林在上海市无线电技术研究所大楼旁观了一场收音机"考试"：

　　"考场"是一个可容纳四五十人的房间，中间坐着二三十个评判员，他们是各无线电工厂的技术人员和特邀的上海唱片厂的录音师。

　　参加这次"考试"的，则是当时上海市四家无线电整机厂四五月份出厂的8个型号共24架收音机，都是从仓库里准备出售的商品中抽出来的。

　　房间的一头拉上一块幕布，把参加"考试"的收音机和评判员隔开来，评判员只能看号牌、听声音，而不知道应试的收音机是那个工厂出品，好像评阅升学考试的密封试卷一样。

　　"考场"四周围起了窗帘和特制的屏风，能把"混响时间"控制在半秒左右；通俗的说法是减少回声。

　　"考试"开始了。

　　幕布上挂出了号牌："1号"，幕布后面响起了弹词名家朱雪琴的声音，那是通过一号收音机播送的《珍珠塔》唱片的一段。一分钟后，号牌换了"2号"，幕后重复了原来的一段唱词，声音有些不同，那是"2号"机在应试。接着"3号""4号"挨次进行下去，直到最后一架。等所有评判员在记分表上给每一个"考生"打出分数以后，第一场测验结束了。接着第二场、第三场，用同样的方法，让每一个"考生"播送一段张君秋的《三娘教子》和一段轻音乐。评判员照样评分、投票。投票结果，得分最多的是"10号"。

　　下午，同样的程序又进行了一遍，评判员换成各厂的领导干部。得分最多的还是"10号"。第二天，又举行第三次测验，担任评判员的是各厂的职工代表和出售无线电的商店营业员。这一次都是"5号"机得分最多。奇怪，听众的结论变了吗？不，结论并没有变，今天的"5号"恰恰就是昨天的"10号"。原来工作人员故意把编号改了。

上海家具厂检验员在检验五斗柜的质量。

孙林写道，这一次举行的"考试"科目又被称作"主观试听"，在以往国内历次收音机评比中都不曾有过。

1962年初，上海市轻工业局和所属各专业公司，对火柴、肥皂、自行车、缝纫机、手表、时钟等107种主要产品的质量状况逐个进行了分析，各厂对照产品技术标准的各项要求，从工艺、操作、管理制度上一项一项地找问题，并且采取扎实的措施，一项一项地解决问题。

当年3月，在上海家具厂，解放日报记者毕品富就用相机记录下质量检验员为即将出厂的五斗柜检验的场景：——抽拉抽屉、查看漆面等。据当年报道记录：上海家具厂生产的家具当时占到全市家具供应量的40%，出品的木器，造型美观，用料适当，结构牢固，油漆光滑，是消费者喜爱的名牌商品。而这些优质产品的诞生，正是源于当时厂里制订了详尽的质量标准以及严格的质量检验制度。全厂有8个专职的质量检验员，130多个小组每组也都有一个人注意每道工序的质量检查。

1962和1964年间，上海轻工系统的食品、罐头、乒乓球、铅笔、手表等行业的标准相继制订出来。上海作为国内轻工业最发达之地，决心要把严格贯彻产品技术标准作为当时改进产品质量的中心环节来抓。这使得上海轻工行业较早步入规范化生产道路，也为上海货在全国成为金字招牌打下基础。

据报道，1962年第一季度中，由市轻工业局直接管理的107种主要产品中，有69种完全达到了产品质量技术标准，有25种的主要指标达到了标准。但是，还有部分产品的质量不稳定，同国家标准或部颁标准的要求还有一段距离。怎么办？当时的报道说："目前局和公司正在帮助生产这些产品的工厂采取措施，提高技术水平和管理水平，有步骤地解决产品质量上存在的问题。争取在第二季度做出较好的成绩。"

歌唱祖国

3.18 1962 年 3 月 18 日，总政文工团大唱祖国万岁。在上海人民大舞台举行的首次招待演出上，100 多人组成的合唱队演唱了许多激动人心的节目。《祖国万岁》、《蝶恋花》等合唱，气势雄浑，感情深厚；《打靶归来》以及一些民歌合唱如《牧歌》、《爱的好劳动》等，不仅节奏轻捷，音调昂扬，富于戏剧性，而且有浓厚的地方特色。但音乐家司徒汉也对表演中的一些问题提出了自己的看法，"合唱的份量可能过重，因而在高潮时合唱队员很难以充沛的精力去发挥合唱的威力"。

春游

3.**25**　1962年3月25日，虹口区横浜桥小学学生在浦东公园春游。位于陆家嘴的浦东公园，与外滩绿化地带隔江相望。从外滩去，只要在延安东路乘市轮渡过江，沿陆家嘴路走不多久就到了。入夜，在浦东公园的江边，遥望对岸，万家灯火，雄伟的建筑物轮廓依稀可见，灯光映在江面上，银色波浪翻滚，景色特别动人。因此，浦东公园不仅是夏夜乘凉的好地方，也是欣赏外滩夜景的好去处。

绘制月份牌

4.**7** 1962 年 4 月 7 日，月份牌画家金梅生在作画。金梅生当年回忆，解放后，他和几个老月份牌画家商量：现在解放了，再画摩登女郎是不行了，我们也该画一些新东西。于是，"力图表现新事物的感情在支持他们"，金梅生很快创作出《白毛女》、《解放区的歌声》等新式的月份牌画，受到群众的喜爱。但也有人提出意见，认为画中的解放军画得有点"油头粉面"。金梅生事后检讨，"自己缺少对工农兵的了解，却要去表现工农兵，怎么能不出毛病呢？"

自由市场

6.**3**　1962年6月3日，人们在上海十六铺自由市场买卖。根据国家统一部署，上海于1962年一度开放农副产品自由市场和恢复供销社自营业务，"进入自由市场的产品，生产者可以自产自销，消费者可以自购自用"。有的地区的市场"各种各样的副业产品沿着两条街道摆了将近一里路长"。但由此也产生了一些忧虑。有3位生产队长在写给《解放日报》的信中说："由于去年减产，现在社员们的生产热情不高。不少社员对集体生产不大关心，可是种自留地搞家庭副业，上集市贸易市场的劲头倒蛮足。"

水下试验

6.**13**　1962年6月13日，潜水员马玉林戴上新制的透明塑料潜水帽，准备进行水下试验。上海打捞工程局所生产的用于水下作业的潜水帽，一向是用铜作原料的。不久前，他们在本市长征化工厂的协助下，用塑料制成了一顶透明的潜水帽，重约5公斤，比现用的铜质潜水帽轻一倍多。由于塑料不传电，还保障了潜水员操作的安全。

鄱阳湖畔上海青年

6.**19**

1962 年 6 月 19 日，在恒湖垦殖场工作、安家的上海女青年和江西籍丈夫一起照顾孩子。位于鄱阳湖畔的江西省国营恒湖综合垦殖场，原是一大片沉睡了千百年的草洲湖荒。1961 年，大批下放干部、复员军人、青年学生，来到这里披荆斩棘，筑堤垦荒，投入生产后的第一年就获得了大丰收。在其中，许多上海女青年不让须眉。一位作者写道，当他根据话音猜出一位垦殖场女青年是上海人时，这位"连眼睫毛上也挂着泥星星"的女青年有些沮丧："同志，我还不像老俵吗？"

《大李、小李和老李》开拍

肉类加工厂整理车间的一角，被临时布置成影片中办公室的场景。

这是 1962 年 7 月 13 日，喜剧《大李、小李和老李》正式开拍。现场吸引了多家报社前去报道。

导演谢晋和演员范哈哈（饰老李）、刘侠声（饰大李）、姚德冰（饰小李）等冒着盛暑，在灼热的水银灯前，进行拍摄。

第一个镜头拍摄的是老李趁上班前的空隙时间，在训他的儿子小李，因为老李不喜欢体育，要儿子听他的话，不要去多搞。记者写道："这个镜头单独看来很严肃，将来与贯串于这个镜头前后的别的镜头衔接起来，就会洋溢出喜剧的气氛。"

1962 年是新中国成立以来电影中出产喜剧最多的年份。有代表性的如《锦上添花》《李双双》《魔术师的奇遇》(也是中国首部立体电影)、《女理发师》《大李、小李和老李》及《哥俩好》等。

在影评人张泠的眼中，《大李、小李和老李》可谓出类拔萃之作。该片由戏剧家于伶等编剧、著名导演谢晋执导，将日常生活中的人情之明快活泼充分表露，片中人物热爱生活，喜剧桥段妙趣横生。"大跃进"和三年"困难时期"之后的 1962 年，人们需要笑声，也需要丰盛食物，所以选择在"肉类加工厂"拍摄一部轻喜剧，有十足的时代意义。这一年喜剧的创作高潮，与当时文艺政策松动息息相关。

1961 年 6 月举行的"新侨会议"上，周恩来总理提出，"群众看戏、看电影是要从中得到娱乐和休息，你通过典型化的形象表演，教育寓于其中，寓于娱乐之中"，"艺术作品的好坏，要由群众回答，而不是由领导回答"。

值得注意的是，也是在"新侨会议"期间，周恩来总理邀请文化部副部长夏衍、电影局局长陈荒煤以及各电影厂的厂长、编剧、导演和演员共 30 余人做客中南海西花厅。据《人民日报》报道，当时参加会议的长春电影制片厂女演员金迪记得，在会客室，周

1962 年 7 月 13 日，天马电影制片厂的新片《大李、小李和老李》开拍。

恩来对夏衍说："夏衍同志，新中国成立十多年了，为什么我们的电影院里还挂着苏联人民演员和功勋演员的明星照片，为什么没有我们自己的明星？"

在那一次会后，一份 22 位电影演员的名单出炉。从中可见，上影 7 人，北影 7 人，长影 4 人，八一厂 3 人，24 岁的祝希娟并非电影厂演员，入选原因应是考虑到《红色娘子军》一炮而红之后观众对她的喜爱程度。

在"新侨会议"推动下，"文艺八条"和"电影工作三十二条"先后颁布，保证艺术民主和按照电影规律办事。对演员和电影工作者的尊重和重视，成就了一部部经典之作，也为全国影迷带来了一段美好的时光。

给水站

7.**25**　1962 年 7 月 25 日，孩子们在中山北路和共和新路的给水站前嬉戏，这个给水站将饮用水和生活用水严格分开。上海解放初期，市人民政府为解决人民生活饮用水问题，在市区没有自来水供应的地方设立公用集中供水点。用水价格低，每立方米 0.07 元，一般约 200 户居民设置一座给水站，用水距离 150 米之内。当时每个给水站都挂有一块白底红字"上海市人民政府公用给水站"的搪瓷牌。

三角地小菜场

1962 年 7 月 30 日，虹口区三角地小菜场，顾客们满意地买好蔬菜回家。三角地小菜场位于虹口区，也叫"虹口菜场"，有百余年历史。最早是一层楼的木结构，后来改建为三层的建筑，底层卖蔬菜，二层卖肉类，三楼开点心店、面店、小饭店，也有西餐店。《沪江商业市景词》中这样描述："造成西式大楼房，聚作洋场作卖场。蔬果荤腥分位置，双梯上下万人忙。"

钢琴家殷承宗

7.31 1962 年 7 月 31 日，殷承宗举办钢琴音乐会，提前 1 个小时就开始上台弹奏了。殷承宗 1941 年生于厦门，12 岁就读上海音乐学院附属中学。1962 年，他在柴可夫斯基钢琴比赛中赢得第二名。他是钢琴协奏曲《黄河》创作的主持者和作者之一，还曾大胆尝试与京剧打击乐队合作，为《红灯记》中 12 个著名唱段伴奏，由此诞生了独一无二的版本——钢琴伴唱《红灯记》。

台风中的民生

8.4　　1962 年 8 月 4 日，川沙县北蔡公社社员冒雨将蔬菜紧急送往虬江路菜场。当月 1 日和 6 日，上海连续遭受两次台风冲撞，加之正逢江水高潮，多有险情。台风、暴雨过后，各有关部门抓紧做好台汛袭境后的善后工作。《解放日报》报道：为保证居民蔬菜、煤球和其他生活必需品的供应，全市各菜场紧急动员人力，调配车辆，抓紧抢运蔬菜。原来夜间由水路运输的蔬菜，都改由陆路运输或提前在白天运到。

专用购买券

8.6

1962 年 8 月 6 日，永安公司二楼开设纺织品专用购买券商品柜台。1962 年，化纤纺织品上市供应，上海对居民首次发放"纺织品专用购买券"，市区每人 1.5 市尺，郊县每人 1 市尺，弥补居民布票不足，零售行业经营开始好转。

分配超产粮

8.**16**

1962 年 8 月 16 日,南汇县横沔公社城南大队二队奚木姜一家,喜获夏收超产粮,合家包饺子。当年夏收普遍获得好收成。《解放日报》写道:生产队社员在讨论夏熟超产粮的分配办法时,开始有人主张把超产粮全部分给社员,但有人认为,超产粮虽是大家所有,但不能一下子全部分光,要多方面考虑。反复讨论后,决定把一部分原定在秋后交售给国家的统购粮提前交售,并把 700 斤种子粮还给大队,其余的超产粮按照社员劳动工分的多少,合理分配。

金山女民兵

1962 年 8 月 18 日，金山嘴渔民民兵大队女民兵在训练。1962 年年中，有情报显示，蜗居我国台湾的蒋介石进行军事部署，图谋"窜犯大陆沿海地区"。因此，大陆各方严阵以待，特别是"东南沿海各省及其纵深地区的军民，更要提高警惕，从各方面作好充分的准备，以便随时迎击蒋匪帮的窜犯。工人、农民、学生以及各界人士，特别是民兵们，要在人民政府的领导下，注意防止和及时消灭潜伏的和空降的蒋匪特务的破坏活动，并从各方面大力支援人民解放军"。

在书记家作客

9.9　1962 年 9 月 9 日，一群农村青年先进从浦东来到位于北京西路的中共川沙县委第二书记曹匡人、共青团上海市委青农部长周蔚芸家里作客。主妇周蔚芸忙着烧饭做菜，曹匡人则骑车去买电影《花好月圆》的票。"因他不大去买电影票，外里外行，所以第一次就跑错了电影院，第二次再赶得去，卖票时间还没有到，第三次才在新华电影院买到十三张票"。前一天，周蔚芸刚"帮助一个打着两条辫子姑娘解决恋爱中发生的问题"。聚会时，辫子姑娘"咯咯咯咯地笑个不停，不用忧来不用愁了"。

击落 U-2 飞机

9.**17** 1962 年 9 月 17 日，上海各界人民举行庆祝我军击落 U-2 敌机以及反对美帝战争挑衅大会，江南造船厂工人在集体收听大会实况广播。9 月 9 日，美蒋 U-2 高空侦察机窜入江西南昌，被我机动设伏在向塘地区的地空导弹 2 营击落。一次记者招待会上，外国记者询问中国到底是用什么方式击落 U-2 飞机的。由于当时代号"543 部队"的地空导弹部队还处于保密状态，时任外交部长的陈毅幽默回应："我们是用竹竿把敌机捅下来的。"

大熟

9.22

1962 年 9 月 22 日，崇明县五滧公社十四大队的女队员在练习骑车。由于粮食丰收，收入提高，大熟分配后大队的自行车就添了 109 辆。《解放日报》写道：获得玉米大面积丰收的崇明县各人民公社广大社员，连日来踊跃向国家交售粮食。据统计，到当月 15 日止，全县已入国库的玉米达 600 万斤，占国家征购任务的 95％；向化、竖河等 10 个公社都已超额完成征购任务。

节日来临

9.**25**

1962年9月25日，学生们前往人民广场参加排练，她们将参加盛大的国庆日游行表演。连日来，人民广场内乐声大作，歌声嘹亮，准备节日游行的队伍日夜操练。国庆当日，整个城市都充满了节日氛围。市郊公社也纷纷举行联欢大会。一位老农民笑嘻嘻地说："我们队里今年养的羊真不错，完成交售任务之后还有多余，今天队里就宰了五只，我们每个社员都分到了一斤羊肉。"

演员仲星火

1962年11月16日，全国社会主义建设积极分子浦锦文向前来征求意见的演员仲星火说："谢谢你们送来的好影片。"当年，张瑞芳、仲星火主演的影片《李双双》拍摄完成，并与观众见面。仲星火在片中出演李双双的丈夫孙喜旺，将这个"戆直怕事"又带着些大男子主义习气的"老好人"形象演绎得贴切到位。影片公映后，在观众中流传着这样一句话：做人要做李双双，看戏要看孙喜旺。

声援古巴

11.**16** 1962 年 11 月 16 日，江南造船厂民兵队伍经过本报报社。1962 年 10 月，"古巴导弹危机"爆发，美国以苏联向古巴秘密运送和部署中程导弹为由，下令拦截苏联货船，并对古巴实施全面封锁。上海人民纷纷集会声援古巴。当年 11 月，一批一批的游行队伍经过解放日报，还派代表送来了大批的声援信件。11 月 18 日，解放日报将代表着上海人民意志的数万封声援信转交给古巴驻中国大使。

形势教育

12.**6**   1962 年 12 月 6 日，松江县山阳公社盘库大队党支部书记在向女社员谈形势，讲道理。作为"一个提供大量商品粮的县"，松江 1962 年"夏粮和秋粮作物获得了较好收成"，于是在添置各种生产物资，为明年增产作准备的过程中，出现了"扩大修造办公室"、"购买物资贪多求全"，甚至"花钱演戏"等现象。为此，松江各级党组织"抓紧对广大干部和社员进行勤俭办社的教育，号召大家珍惜增产的粮食，勤俭节约，要"钱用在当前生产上"。

年底分红

12.8 1962 年 12 月 8 日，年底分红，松江县雷家大队汪家生产队的一名社员分到 425 元，正欢欢喜喜地点分配金。1962 年，这个队共收获 26 万多斤粮食，交售国家 15 万多斤，留出种子、社员口粮和夏熟超产奖励粮以后，还有余粮 1 万多斤。《解放日报》报道说，在分配过程中，社员们一致要求拿出一半余粮交售给国家，其余由社员按劳分配，"并从中提出一部分奖给好干部、好社员"。

1963

走 出 困 难 期

榜样的力量

中国人精神世界里的一座丰碑，是在 1963 年成形的。

是年 3 月 2 日出版的《中国青年》学习雷锋同志专辑上，刊登了毛主席的题词："向雷锋同志学习"。同期刊发的还有介绍雷锋生平事迹的通讯，近三万字的《雷锋日记摘抄》以及雷锋遗诗等。3 月 4 日，新华社发布"毛主席题词向雷锋同志学习"的稿件，并于 3 月 5 日的全国各大报纸上头版刊登。由此，这位 22 岁工程兵的事迹迅速传遍大江南北，成为广大青年学习的对象。"雷锋"这个简单而振聋发聩的名字的回响，一直绵延至今日。

在上海，还有一批子弟兵同样于这一年广为人知。4 月 25 日，国防部发布命令，授予驻守上海的某部第八连以"南京路上好八连"的光荣称号。正如当天《解放日报》的编者按所写的那样，好八连和雷锋同志的具体事迹虽然有所不同，但从中体现的精神是共同的。人们向这两个榜样学习，主要学习他们那种大公无私、忠心耿耿、全心全意为人民服务的高贵品质和艰苦奋斗、不怕困难、奋发图强、埋头苦干的革命作风。

榜样的力量是无穷的。这一年是继三年困难时期之后，国民经济与社会发展全面好转的一年，上海的工业总产值提前半个多月完成了年度计划，超额 6% 左右；上海的副食品市场供应状况，也有了好转。从物资供应的丰富到尖端科技的突破，捷报频传背后，是无数个普通人以雷锋和好八连为榜样，脚踏实地、默默无闻的付出。

还有一群远在千里之外的普通人同样值得铭记。"好儿女志在四方"，是年七八月间，上海开始大规模动员城镇初高中毕业生和社会青年赴新疆参加建设。截至 1966 年，共有超过 8.5 万上海青年远赴大漠边疆，把青春和热血献给了那片遥远的土地。

正如 1964 年 1 月 1 日《人民日报》元旦社论中反复出现的"自力更生"所暗示的那样，1963 年，以《人民日报》和《红旗》杂志连续发表多篇针对苏共的评论为标志点，本已恶化的中苏关系正式进入冰冻期。虽然少了"外援"，广大中国人民在鼓足干劲、力争上游、多快好省地建设社会主义总路线指引下，依然取得一系列成就。

这一年，上海市南汇县泥城公社实现了亩产皮棉超白斤；上海人民机器厂试制成功国内第一台单色自动胶印机；隧道工程人员已经在浦东塘桥地区尝试挖掘隧道；人工降雨成功进行；百货商店里可以买到国产聚氯乙烯树脂做成的塑料日用品，成本价格只有同类进口商品的 1/8 到 1/9。

是年 1 月 2 日，市第六人民医院医生陈中伟、钱允庆等成功施行世界上第一例断肢再植手术，半年后，被救治的车床工人王存柏已经可以用重新接上的右手提笔写字。这一医学领域的重大突破，和周恩来总理同样于年初发表的重要讲话形成某种互文。

1 月 29 日，在上海科学技术工作会议上，周恩来总理首次公开提出中国要实现"四个现代化"，即农业现代化、工业现代化、国防现代化、科学技术现代化。他特别强调了科学技术现代化在社会主义建设中的重大意义，提出"实事求是，循序前进，齐头并进，迎头赶上"的十六字方针。直至 1975 年，在四届人大一次会议上，周恩来总理在政府工作报告中重申分两步实现"四个现代化"的设想。在整个上世纪八十年代"科学的春天"里，实现四个现代化的宏伟目标，激励着一代代科技工作者。

与此同时，居民的日常生活条件也在切实改善中。蕃瓜弄的改造便是一个样本。

蕃瓜弄原来叫姚家石桥，是闸北区的一个居民区。1937年"八一三"时，全部房屋毁于炮火。后来，从外地逃难来到上海的穷苦人，陆续在那里用芦席、茅草搭起低矮的"滚地龙"，作为栖身之所。解放前大部分居民靠拾垃圾、拉黄包车、摆小摊度日。没有自来水，没有土井，更没有电灯。污水浜臭气四溢，居民还要受流氓地痞的敲榨勒索。

解放后，蕃瓜弄先后修建了给水站，安装了电灯、公用电话，铺设了下水道、石子路，臭水浜填平后栽上花木。部分草棚翻建成了瓦房。随着生产的发展，1963年10月起，上海决定彻底改建蕃瓜弄，于次年7月16日竣工。新的蕃瓜弄拥有十幢水电、煤气、卫生设备齐全的五层楼公寓式住宅，可以住下500多户居民。

意识形态方面则有暗流涌动。5月6日、7日，《文汇报》连续发表署名梁壁辉的文章《有鬼无害论》，公开点名批判孟超和繁星。事情的缘起是，孟超根据明代传奇故事《红梅记》改编了一出剧本名为《李慧娘》。李慧娘为《红梅记》中奸臣贾似道的侍妾，被杀害后又"还魂"捉弄贾似道。孟超自言改编的初衷是："也不过借此姿质美丽之幽魂，以励生人而已。"早在1961年，《北京晚报》曾刊登繁星对此剧的评论文章，认为："如果是个好鬼，能鼓舞人们的斗志。"但梁壁辉认为，这种"鬼戏"，是封建时代的糟粕，这种改编没有划清时代和阶级的界限。

同年12月12日，毛泽东在一份反映上海大抓故事会和评弹改革的材料上批示，提出"各种艺术形式——戏剧、曲艺、音乐、美术、舞蹈、电影、诗和文学等等，问题不少，人数很多，社会主义改造在许多部门中，至今收效甚微……"

而在这个时候，人们并不知道，没有多久，1964年4月，上海电影界要开始整风了。

"中西"式

1.5 1963年1月5日,淮海中路世界服装商店营业员正在检查"中西"式棉袄的质量。"中西"式服装于上世纪六十年代逐渐时兴。简而言之,这种服装的特点是"外形以中式为主,工艺以西式为主"。从外观上看,"这种服装领口钮起来是一件中式服装,翻开来又象一件西式服装,比一件同样规格的西式服装要节省一尺布料,而且穿着舒适,特别适合于近郊农民"。

欢迎客人

1.**6**

1963年1月6日，本市数万群众热烈欢迎锡兰总理西丽玛沃·班达拉奈克夫人和印度尼西亚副首席部长苏班德里约博士。两人此次访华的主要目的，是为了促进中印（印度）边界争端的和平解决。访华期间，班达拉奈克夫人表示："我对中印边界问题的和平解决是抱有很大希望的。"苏班德里约博士则表示："我们在中国访问期间所遇到的每一个人，都没有看到他们有用非和平的方法来解决中印边界问题的表示。"

寒流来袭

1.8

1963年1月8日，虹口区吴淞路街道老年乐园室里老人们围炉取暖，谈笑风生。前几天，寒流袭沪，全市气温降到零下8摄氏度，但市民们的生活并没有受太大影响。在市郊，寒流"使即将采收上市的卷心菜、大青菜等的外叶冻坏，水份减少，影响了产量"。虽然市郊菜农采取各种办法为蔬菜防寒，但"也有部分生产队的干部和社员，认为开春以后，气候会自然转暖，放松了油菜的防冻保暖工作"。

沈尹默

1.**17**   1963 年 1 月 17 日，沈尹默等 10 多位老书法家们在为市郊农民人民公社书写
春联。为了适合农民的欣赏爱好习惯，书法家们大都采用正楷和行书两种字体，
尽力满足市郊每个公社的要求，"让它们都能得到一副喜洋洋、红堂堂的春联"。
同为书法家的郭绍虞在当天《解放日报》"朝花"版上撰文称，"尹默先生今年
已八十高龄了，犹能写出如此气势开张的作品，说明在党的支持下，真是可使
百花齐放而又推陈出新的"。

春节演出

2.**2**

1963 年 2 月 2 日，春节刚过不久，杂技演员正冒着严寒在大世界广场上演出，台下观众人山人海。节日期间不仅有成千上万的市民来大世界欣赏各类文艺演出，更有热心青年呼朋引伴，自愿前往维持秩序。据当时统计，节日期间第一百货商店、大世界附近水泄不通，"高峰时每一小时通过南京路、西藏路十字街口的就有三万多人，平均每一分钟走过五百多人"。

基层选举

5.**15** 　1963 年 5 月 15 日，川沙县花木公社光明大队一家老农三代同堂，和其他农民一起选举第五届基层人民代表大会代表。当时正值农忙时节，但本市各郊区的选民还是自觉地积极参加各项选举活动，利用生产空隙或者晚上开选民小组会，酝酿讨论代表候选人。他们不仅表扬候选人的优点，也对候选人的缺点提出批评。例如松江县枫围乡（公社）新华大队东西港生产队选民同意本队队长曹来奎当代表候选人，但也指出他近来劳动不多的缺点。曹来奎接受群众的批评，第二天一早就下田劳动了。

家史教育

5.**24**　1963 年 5 月 24 日，上海市公交公司的职工石鸿泉正在给孩子们进行家史教育，讲述高筒胶鞋的故事。他说，解放前他家门口有一条又脏又臭的小河浜，一下雨泥浆满地。国民党工务局屡次答应填埋，"但每次把捐钱收去之后就不见下文了"。无奈之下，石家买了一双高统胶鞋，"遇到积水时，全家轮流穿着进出"。解放后，小河浜很快填埋，于是这双闲置的套鞋就一直挂在石家 12 年。在当时，家史教育更注重新旧对比，"就是让孩子从小就懂得阶级的爱、阶级的恨"。

支书卖菜

5.**25** 　1963 年 5 月 25 日，宁海东路菜场党支部书记朱珊弟上街运菜卖菜，同群众打成一片。此前，朱珊弟觉得，党支部书记要多研究政策而不是自己参加劳动，所以"把原来规定干部参加劳动的时间，大半花在开会、听汇报、做报告上面了，很少和群众一起劳动"。但当他看到菜场营业员对自己态度冷淡，谈话拘束，"认识到参加劳动是接近群众的一个重要因素"。从 1961 年下半年起，他定期到菜场参加劳动。从 1962 年起，他还放弃周日休息，参加比平时更繁忙的早市营业。

学习雷锋

5.26

1963 年 5 月 26 日，云南中路小学学生在帮助维持交通。是年 3 月 2 日出版的《中国青年》刊登了毛主席"向雷锋同志学习"的题词，由此掀起学习雷锋的热潮。"向雷锋叔叔学习，做共产主义事业的接班人"也成为上海青少年的行为准则。向明中学的一个高二班，两三个月里就涌现出诸如爱护公物、热心助人等好人好事 140 多件。"在市一女中，有一些一直摇动的课桌，一夜之间不知被谁都修好了"。还有之前成绩一般的小学生，受雷锋精神的鼓舞，"各科作业不仅能'当天作业当天毕'，字也写得端正整齐了"。

敲响警钟

5.**28**　1963年5月28日，上海解放14周年，一群交通大学学生正步出校门。随着越来越多的工农子弟进入高校深造，如何警惕资产阶级思想侵蚀也越发成为青年教育的一个重要内容。交通大学曾对一些不太满意分配到基层的毕业生敲响警钟："你们想想，是谁把你们这些工农子弟培养成为大学生的？你们中间有的人不愿当教师，可是千万个工农子弟伸开双手需要你们。这是阶级事业的需要，工人阶级需要建立一支自己的知识分子大军，你们想过这样的问题吗？"

干部下乡

6.**6** 1963年6月6日，南汇县300多名机关干部陆续下乡参加三夏劳动。他们每人都随身带着铺盖，准备住在生产队里劳动一个时期。当年，上海广大干部重新认真学习中央关于干部参加体力劳动的指示，并严格贯彻之。截至当年9月底，各区、县机关的干部，除年老有病的以外，定期参加劳动的已达95％以上，市级机关定期参加劳动的人数也在90％左右。为保证体力劳动时间，有的地方还专门拟定制度，"要进一步减少会议，减少报表"。

断肢再植

一个人的肢体完全被截断后能否再接上去，重新成为人体的一个部分？这个问题哪怕在今日医学界都不算非常简单。而在上世纪六十年代初，相关技术只停留于动物实验阶段，人体断肢再植尚为医学禁区。在这样的背景下，市六医院的陈中伟医生及其团队，成功地将车床钳工王存柏的断手接了上去，堪称奇迹。几十年过去了，"断肢再植"在全国乃至世界医学界，依然具有里程碑式的意义。

1963年1月2日，王存柏在工作时不慎右手被冲床切断。工友们第一时间用三轮车将他和断肢送往第六人民医院。按照常规，肢体完全截断的处理办法，是扩创消毒、残端缝合，待伤口愈合以后再装配一个假肢。但接诊的值班医师奚学荃出于对工人阶级的同情，打算寻找更好的治疗方案，尽量保住27岁工人王存柏的右手。

外科主治医师陈中伟的想法和奚学荃不谋而合。于是在病人送进医院短短一刻钟后，缝合手术正式开始。整个手术进行了七个半小时。医护人员接好了断骨，接好了4根血管、18根肌腱、3根神经，又缝合了肌肉和皮肤。手术完成之时，接上去的右手的皮肤和指甲已经泛红。

手术取得初步胜利后，次日开始严重的肿胀问题再次挑战着医护团队。经过院内外专家会诊，决定用切开皮肤、放掉部分淋巴液，减轻血管压力的方案。为了避免细菌感染，所有工作都在紫外线无菌病房内进行。一连七天，多次切开、换药，都做到了无菌，实属不易。

一个月后，创面已全部愈合。到7月中旬解放日报记者前往六院采访时，王存柏右手的肤色和温度已经同常人一样，有了冷热和疼痛的感觉。他还用再生的右手抓住笔杆，写下"共产党万岁，毛主席万岁"。

断肢再植的成功，固然是上海医疗人才精湛医术的体现，更是医护人员尊重劳动人民、想工人阶级所想，在强烈的责任心和使命感驱使下创造的奇迹。不管是放弃传统方案、寻找更新更好疗法的奚学荃，还是做梦都在想着"断手"的陈中伟，或是为此推延婚期的青年医师鲍约瑟，还有许多牵挂着王存柏的工友兄弟们，可以说，这些人共同的努力造就了这一医学奇迹。

陈中伟由此成为世界上第一例成功接活断肢的医生，其断肢再植术改写了世界的骨外科历史。断肢再植和前一年的一万二千吨水压机、1966年的人工合成牛胰岛素一起，成为改革开放前中国科学技术的三大革命性突破。

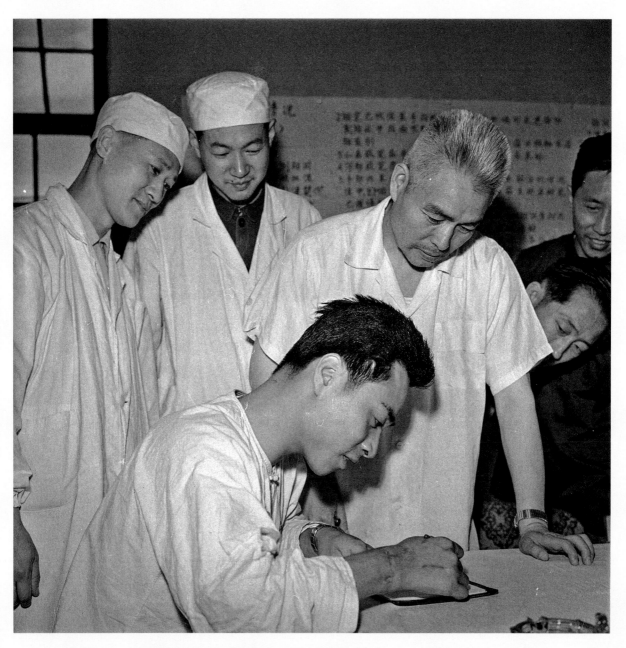

1963 年 6 月 30 日，断肢再接后，病人已经自己用手写字。

即将消失的有轨电车

7.4 图为 1963 年 7 月 4 日拍摄的静安寺有轨电车起点站。这条行驶于南京路上的有轨电车线路自 1908 年起由英商上海电车公司运营。1963 年 8 月 16 日，有轨电车被无轨电车取代，后者象征着工人阶级自己制造的优良交通工具。与此同时，公交公司的工人干部，和民警、学生、战士等一起，陆续拆除原有的有轨电车轨道。

到新疆去

1963 年春，徐汇中学毕业生高烽经过上一年高考失利，正在家复习准备再次向心仪的大学发起冲击。但有个问题时常萦绕在他脑际："为什么要学习？"他自问："难道我的志气就是为了读大学当专家吗？难道党培养我读到高中毕业，就一定非读大学不可吗？"

很快，他所处的时代替他回答了这个问题。是年 3 月，毛泽东同志题词"向雷锋同志学习"，神州大地无数青年学生开始以雷锋为榜样，将"党和人民的利益放在第一位，使个人的理想和志愿服从国家的需要"。

同年 6 月，中等专业学校毕业生代表会议上，中共上海市委教育卫生工作部副部长陈琳瑚殷切希望应届中专毕业生树立"劳动当先、下乡为贵"的思想，到劳动中去，与工农群众相结合，为工农群众服务，号召同学们"到祖国各地去，到最艰苦的地区去"。此前已前往新疆的历届毕业生代表也谈了心得体会。8 月，上海开始大规模动员知青赴新疆参加新疆建设兵团。

新疆建设兵团成立于 1954 年，建立之初，就先后从山东、河南、河北、甘肃、江苏、上海、天津等地招收大批知识青年、支边青壮年及转业复员军人参加边疆建设。1963 年 7 月起，开始集中接收安置上海、北京、天津、武汉支边青年。

在 8 月 22 日《解放日报》刊登的高烽来信中，他这样写道："现在，我已经下定决心要到新疆去参加农业建设，没有再去继续报考大学"，"要把六亿多人民的吃穿用问题解决好，要建设具有现代化农业的新农村，目前就需要大批知识青年上山下乡，不能再等几年以后才去。……我决心要到新疆去，到农村去，在平凡的工作岗位上，做一个永不生锈的螺丝钉。"

并没有确切的档案资料证明高烽之后的去向。但纵观当年的报道，我们大致可以一窥无数个"高烽"奔赴新疆后，在观念和行动上的转变。

在共青团农场拖拉机队劳动和学习的张金荣和张金华两兄弟，原来连简单的农具都不认识，现在已学会了犁地、播种等机耕技术；张飞霞、张霞飞两姊妹，原来是娇生惯养的姑娘，现在已锻炼成劳动能手；上海青年吴炳奎，是农一师胜利九场的植桑嫁接工，在不到 5 个月的时间里，学会了嫁接、平地、放水等技术。当年六月号的《新疆文学》刊发长篇通讯《上海五姑娘》，专门介绍在阿勒泰顶山廿九团农场参加建设的 5 位上海姑娘王莲熙、张进宜、何文华、袁玉美和黄玉清的先进事迹。

据不完全统计，截至 1966 年，上海共有逾 8.5 万名青年赴新疆参与建设。

1963 年 7 月 17 日，王震部长来车站送青年去新疆。

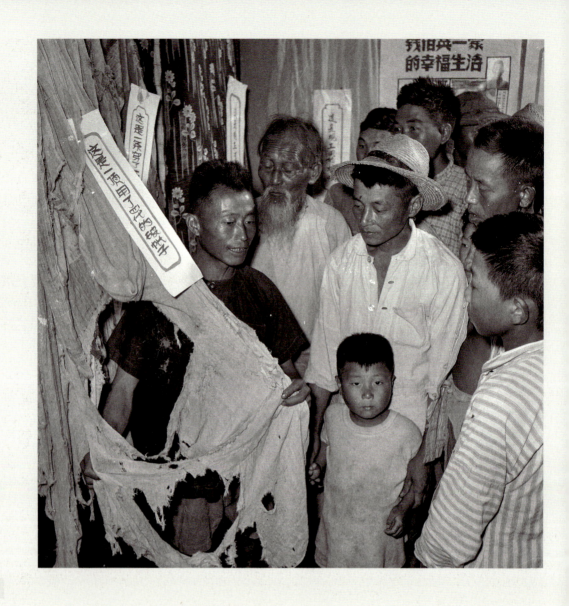

四代帐子

1963 年 7 月 15 日，松江县新五公社村史展览会上，三代长工钱伯英在展示他家使用了四代的帐子。该展览在新五公社各大队巡回展出，约有 1.1 万人参观。社员反映，看了展览回想过去，"就像上了一堂生动的阶级教育课"。有些社员原来不大高兴跟人提起过去做长工吃的苦，这次看了展览会，受到了启发，也表示以后要经常向子女谈谈自己的身世了。当时时兴"三史教育"（在农村为家史、村史、社史），往往会请出"三老"（老贫农、老党员、老干部）讲诉，帮助听众提高阶级觉悟。

塑料商品

1963 年 8 月 1 日，中百公司塑料用具专柜上商品琳琅满目。这一年，全市十多家塑料制品厂用聚氯乙烯树脂制造的塑料制品已达 3000 余种。据第一百货商店统计，拿塑料鞋来说，1963 年上半年就销掉了 7.62 万双塑料鞋、三四万只拎包。而且塑料制品质量比过去也有大幅提高。一个体重 108 斤的同志踏上一只肥皂盒子，盒子不碎不裂不扁。用梳子中间挂上一块 20 多斤重的物件，梳子居然不断不豁。

供应改善

8.**10**

1963 年 8 月 10 日，上海市场供应丰沛，丰实食品商店顾客盈门。由于各地农村调拨的副食品远超计划，这一年上海的副食品供应较前几年有极大改善。当年第三季度以来，仅山东一省，就调来了 1140 吨肉类，而四川省调运来沪的猪肉，一次就装了 3 只冷藏船和 10 个车皮，市场上还出现了类如青海湟鱼这样之前上海从未有过的副食品。由于副食品货源充沛，上海市面上许多早点店摊还提早营业，"有的从四时半就开始营业"。

马头座钟

8.19

1963 年 8 月 19 日，中国百货公司上海百货采购供应站做好秋后旺季商品供应准备，广受农民欢迎的马头座钟排列整齐。计划经济时代，商业部门的采购员是连接终端消费市场和工业生产部门的桥梁，他们从为旺季储备更多物资出发，积极收购自行车、收音机、闹钟、民用锁等，1963 年库存备货达到了历年来的最高水平。当年第二季度以来，上海生产的日用百货商品中，已有 99 个商品提高了质量，并且增加了 293 个新花色、新品种。

风雨倾城

上海人对于台风的心情，有点像一句玩笑话所描述的："怕它不来，又怕它乱来"。没有台风，无法扫除夏季溽热；台风来了，或多或少会给城市生活带来影响。好在，现在的上海，已经初步形成了一整套较为快速有效的应对方案。

站在这样的角度回望1963年9月的那场台风，我们会发现，一些今日熟悉的应急联动机制，在当年已初露端倪……

在当年第十二号台风的影响下，从9月12日上午开始，全市风力逐渐增强到7至8级，阵风9至10级；到下午达到8至9级，阵风9至10级，川沙、高桥达到11至12级。

风大雨更大。从11日8时至12日20时为止，降雨量超过100毫米的有7个县，奉贤在短短三小时内降雨99毫米。到13日，南汇大团日降雨量达474.5毫米，成为上海有记录以来日降雨量之最。

这次台风自9月6日形成之后，一开始移动路径比较稳定。但11日早晨以后，移速忽然减慢，12日6时到18时，移速更慢，在福建北部沿海几乎停留未动。加之东面又有刚形成的13号台风形成叠加效应，就使得福建、浙江沿海和上海市受到较长时间暴风雨的影响。

那时的上海已有自己的应对之道。为了保证市民照常买到蔬菜，在风雨交加的12日晚，全市150多个菜场的工作人员通宵赶运蔬菜。三角地菜场的经理随着卡车和职工一起带头搬运蔬菜；象山路菜场20多个青年职工，组成突击队，拉了11辆劳动车，连夜运到青菜、鸡毛菜五六十担。

卢湾区的瑞金路、淡水路、蒙自路、乌鲁木齐中路等菜场都积水盈尺，他们连夜搬到没有水的地方，确保照常营业。同时，还预备了车辆，把菜送到里弄流动供应。

台风天职工上班成了大问题。市区19条电车路线中，有16条路线被迫全线停驶。为了确保市民按时上班，公交公司连夜调度164辆公共汽车火速支援，不少司售人员放弃休息，还有30多名科室干部到一线当起临时司机和售票员。三轮车工人也全力投入抗台斗争，到医院、车站等地为广大市民服务。

在全市人民的通力合作下，这场大风大雨并未造成非常严重的影响。

台风过后，农民把蔬菜送进交易市场。

活性染料

9.7 1963 年 9 月 7 日，上海第一印染厂工人大量应用国产活性染料印染多种花布。国产活性染料从 1958 年起陆续问世，但印染厂过去怕不习惯，不肯用。在全市贯彻"五好"倡议下，印染厂从为国家节约出发，开始使用国产染料，用一吨高级进口染料的价钱，一般可以买好几吨国产活性染料，一个月可以节省千把元。但当时"国产活性染料色谱还不够全，浅色多，深色少"，针对这些问题，上海科研人员组织攻关，于 1963 年年底揭开了"活性翠蓝"染料化学结构的秘密。

月饼上市

9.**17**   1963 年 9 月 17 日，杏花楼饮食店柜台前挤满了买月饼的顾客。这一年供应的月饼质量高、数量大、品种多。不仅猪油、板油、白膘、火腿、鸡蛋等数量充沛，广东的榄仁、东北的松仁、山西的桃肉、河北的杏仁和海南岛的椰丝等等也纷纷调运到沪。不少月饼的馅心，都加配板油、白膘，以增加油份，口味格外甜美肥润。许多著名商店还生产各种特色月饼，如老大房、王仁和的葱油肉月、三鲜火腿、水晶百果、猪油细沙，杏花楼、新雅、大三元、利男居的银河夜月、三潭印月、蟹黄肉月、烧鸭肉月、平湖秋月等。

"丰收牌"

9.23　1963 年 9 月 23 日，七一农业机械修配厂生产的第一批"丰收牌"35 匹拖拉机在人民广场报喜。这次报喜也是一次排练。当年国庆游行，32 辆拖拉机列队驶过人民广场检阅台，以反映"上海机电工业为农业生产服务所取得的成绩"。此后，经过不断改进，解决了"拖拉机试造过程中存在的一些重大技术质量问题"，并在崇明进行了超 2000 小时的试点考验后，较为成熟的"丰收牌"35 匹拖拉机于 1965 年 4 月开始小批生产。

三轮汽车

9.**26**　1963 年 9 月 26 日，国产三轮汽车大批出厂准备发货到山西、黑龙江等省区。从 1957 年底上海牌三轮汽车问世到 1963 年年底，上海共生产了 6000 余辆。其中 1963 年产量超过 1500 辆，不仅产量较往年有所提高，质量也有显著提升。发动机的实际马力比原来提高了 10%—15%；百公里油耗降低 2 升；车身货箱全部改用金属结构，更加结实、坚固。整体性能更适合在北方严寒条件下行驶。

国庆前夕

9.29

1963 年 9 月 29 日，国庆节前夕的南京东路，新建成的 20 路无轨电车反射着
南京路上的霓虹灯光。这条无轨电车线路取代的是解放前由英商电车公司投资
建造的有轨电车，于当年 4 月 12 日开工，原计划在国庆节前完工。由于各单
位密切配合，工人们战胜了梅雨、酷暑带来的困难，提前一个半月实现通车。
该线路是当时全市最好的一条无轨电车线路。

大型捕鲸船

11.18

1963 年 11 月 18 日，我国自行设计的第一艘大型捕鲸船"元龙号"由上海求新造船厂建造完成并出海试炮。"元龙号"具有续航力强、抗风力强、航速高等特点，可以在海上连续航行和作业一个多月，遇到 8 级大风能照常捕鲸。船上配有口径 90 毫米的捕鲸炮、1000 米长的捕鲸绳，以及缓冲装置和电动绞鲸机等专业设备。根据当时《解放日报》的报道，我国东海黄海都有丰富的鲸资源，其中不乏长须鲸等大型鲸种。

自产自送

1963 年 11 月 23 日，浴室服务员把蒸馏水送货上门。兼产蒸馏水是浴室节俭办店的方法之一，"职工们不论货多货少，路远路近，也全部由自己运送，从来没有雇过车辆"。根据同年 12 月 10 日《解放日报》对沪南浴室的报道，该浴室不仅自产自送蒸馏水，还想方设法降低营业成本，发动职工自己动手改造浴室、用废弃泔脚做替代燃料，使得该浴室的燃料成本为全市最低。

学毛选

1963 年 12 月 15 日，三轮车工人张鼎尧（前）、程德旺正在十六铺大达码头抽空学习毛主席著作。两人所在的班组以程德旺的名字命名，他当时是行业内知名的先进典范，曾多次拾金不昧、见义勇为，冒着大火抢救国家财产、帮助迷路的乘客找到回家的路。以程德旺为榜样，小组的许多三轮车工人都开始努力学习毛主席著作。他们把毛主席著作带在身上，有空就拿出来读读。在广泛开展学习程德旺、追赶程德旺的"五好"比学赶帮竞赛后，市民们觉得像程德旺那样的三轮车工人多起来了。

渔业生产

12.30

1963 年 12 月 30 日，上海市水产公司渔轮在码头卸下大批鲜鱼。当年上半年，东海、黄海上大风多、鱼群分散，渔轮作业困难，在小黄鱼汛时捕获量较少。从第三季度开始，渔业部门开辟了 20 多个新渔区，增加了十几条探捕船，并成立了专门开辟新渔场的探捕船队。在海上抓紧时间多下网，返港以后早开船、多捕鱼，因而生产节节上升。到年底时，虽然大小黄鱼减产不少，但鳓鱼、米鱼、鲳鱼、鳗鱼、鲨鱼等十几种鱼的产量都比去年有所增加。

本书摄影记者名单及图片索引

图书在版编目（CIP）数据

走出困难期：1959－1963 / 解放日报编著 .—上海：上海三联书店，2019.1
ISBN 978－7－5426－6599－7

Ⅰ. ①走… Ⅱ. ①解… Ⅲ. ①《解放日报》－ 史料 －1959－1963 Ⅳ. ① G219.245.1

中国版本图书馆 CIP 数据核字（2018）第 293967 号

走 出 困 难 期：1959-1963

编　　著．解放日报
责任编辑：姚望星
整体设计：袁银昌　　李　静
印前制作：上海袁银昌平面设计工作室
监　　制：李　敏
责任校对：张大伟

出版发行：上海三联书店
　　　　　（200030）中国上海市漕溪北路 331 号 A 座 6 楼
邮购电话：021－22895540
印　　刷：上海雅昌艺术印刷有限公司
版　　次：2019 年 1 月第 1 版
印　　次：2019 年 1 月第 1 次印刷
开　　本：889×1194　1/16
字　　数：65 千字
印　　张：16
书　　号：ISBN 978－7－5426－6599－7 / K·512
定　　价：200.00 元

敬启读者，如发现本书有印装质量问题，请与印刷厂联系 021－68798999